Bochumer Schriften zum Sozial- und Gesundheitsrecht

Herausgegeben von

Prof. Dr. Stefan Huster, Ruhr-Universität Bochum
Prof. Dr. Friedrich E. Schnapp, Ruhr-Universität Bochum
Prof. Dr. Markus Kaltenborn, Ruhr-Universität Bochum

Band 15

Martin Burgi

Kommunale Verantwortung und Regionalisierung von Strukturelementen in der Gesundheitsversorgung

Nomos

Die Veröffentlichung wurde gefördert durch die
Robert Bosch Stiftung

Die Deutsche Nationalbibliothek verzeichnet diese Publikation in der Deutschen Nationalbibliografie; detaillierte bibliografische Daten sind im Internet über http://dnb.d-nb.de abrufbar.

ISBN 978-3-8487-0548-1

1. Auflage 2013
© Nomos Verlagsgesellschaft, Baden-Baden 2013. Printed in Germany. Alle Rechte, auch die des Nachdrucks von Auszügen, der photomechanischen Wiedergabe und der Übersetzung, vorbehalten. Gedruckt auf alterungsbeständigem Papier.

Geleitwort

Die öffentliche Gesundheitsversorgung ist seit ihrer Gründung Mitte der 1960er Jahre ein zentrales Förderungsgebiet der Robert Bosch Stiftung. In den letzten Jahren hat sie sich unter dem Aspekt „Zukunftsfragen der Gesundheitsversorgung" zunehmend auch mit der Regionalisierung der Gesundheitsversorgung befasst. Hier fördert sie die Bewertung von neuen Wegen in der Praxis der regionalen Gesundheitsversorgung, stellt die Ergebnisse der interessierten Öffentlichkeit zur Verfügung, sorgt für einen qualifizierenden Austausch und regt zum politischen Dialog an.

Demographische, gesellschaftliche und epidemiologische Veränderungen wirken sich umfassend und auf allen Ebenen der Gesundheits- und Krankenversorgung aus. Da die Entwicklungen regional unterschiedlich verlaufen, liegt es nahe, Planungs- und Steuerungskompetenz für Kreis und Kommunen zu fordern. Dies gilt sowohl für Bereiche der Gesundheitsversorgung wie zum Beispiel die Gesundheitsförderung und Prävention als auch für Zuständigkeiten bei der Lösung von Struktur- und Versorgungsfragen.

Kommunen können nicht nur die Versorgung den örtlichen Bedingungen besser anpassen, rasch und bürgernah gewähren, sondern auch durch eine bessere Vernetzung der Versorgungsangebote und der Akteure im Gesundheits-, Sozial und Bildungsbereich dazu beitragen, dass ein Mehr an Effizienz und Qualität erreicht wird.

Bislang gibt es kaum fundierte Aussagen, welche Fragestellungen auftreten und welchen Spielraum Kommunen aktuell haben, um eine am Wohl aller ausgerichtete Gesundheitsversorgung zielgenauer planen, steuern und umsetzen zu können; auf welche Hindernisse sie dabei stoßen und welche künftigen Lösungen angestrebt werden müssten, damit sie ihrem Sicherstellungsauftrag gerecht werden können.

Wir freuen uns, dass es gelungen ist, Herrn Professor Dr. *Martin Burgi*, Lehrstuhl für Öffentliches Recht, Wirtschaftsverwaltungsrecht, Umwelt- und Sozialrecht der Ludwig-Maximilians-Universität München, dafür zu gewinnen, ein Gutachten zur „Kommunalen Verantwortung im Bereich Health Care" zu erstellen, in dem die damit verbundenen rechtlichen Fragestellungen und die genannten Themen rechtswissenschaftlich aufgearbeitet werden.

Die Entstehung des Gutachtens wurde von zwei Expertenrunden im Mai und im November 2012 begleitet, die zu Beginn des Vorhabens aus Sicht von Vertretern aus Landes- und Kreisverwaltung sowie von Kostenträgern, Berufsvertretern und

Praktikern Hinweise gaben und kurz vor Fertigstellung des Gutachtens aus Sicht von Rechtsexperten die Ausführungen im Gutachten diskutierten.

In dem vorliegenden Gutachten werden sowohl eine felderübergreifende, primär kompetenzorientierte Untersuchung vorgelegt als auch die rechtlichen Rahmenbedingungen formuliert. Die Vorschläge zu Strukturreformen beschränken sich auf die Felder Prävention, Rehabilitation, Pflege und die kurative Medizin (ambulant/ stationär). Im Vordergrund stehen Handlungs- und Organisationsinstrumente, mit denen auf das Versorgungsgeschehen eingewirkt werden kann.

Im Gutachten wird bewusst systemimmanent für eine behutsame Weiterentwicklung des Gesundheitssystems in Richtung einer stärker regionalisierten Gesundheitsversorgung arumentiert. Das Gutachten stellt einen ersten Schritt dar, dem weitere folgen müssen. Denn um zukünftigen Herausforderungen im Gesundheitsbereich und die Gesundheitsversorgung sichern zu können, wird es noch weitergehender, am regionalen Bedarf orientierter Organisationskonzepte und differenzierter Lösungen bedürfen.

Wir freuen uns, wenn das Gutachten weite Beachtung findet, zu einer Grundlage in Politik und Verwaltung wird und zu einem Bewusstseinswandel bei Verantwortlichen auf Landkreis- und kommunaler Ebene führt.

Stuttgart im April 2013 *Robert Bosch Stiftung*

Dank

Die Robert Bosch Stiftung dankt den Mitwirkenden der ersten Expertenrunde: *Hans-Jürgen Firnkorn*, ehem. Referatsleiter „Gesundheitspflege" der Robert Bosch Stiftung; Prof. Dr. *Martin Hansis*, Medizinischer Geschäftsführer, Städtisches Klinikum Karlsruhe gGmbH; Dr. *Erich Hedtke*, Leiter des Kreisgesundheitsamtes, Landkreis Havelland; Dr. *Peter Hinz*, Kassenärztliche Vereinigung Baden-Württemberg; Dr. *Walter Kontner*, Leiter des Dezernats für Gesundheit, Recht, Ordnung und Verkehr, Landkreis Esslingen; *Bernhard Mohr*, Vorstand der Bosch BKK, Stuttgart; *Thomas Reumann*, Landrat Landkreis Reutlingen; Dr. *Frank Stollmann*, Leitender Ministerialrat Öffentliches Gesundheitswesen, Ministerium für Gesundheit, Emanzipation, Pflege und Alter des Landes Nordrhein-Westfalen; Dr. *Jürgen Wuthe*, Leiter des Referats für Gesundheitspolitik und Gesundheitsdialog, Ministerium für Arbeit und Sozialordnung, Familie, Frauen und Senioren Baden-Württemberg.

Unser Dank gilt ebenfalls den Teilnehmern der zweiten Expertenrunde: PD Dr. *Claudio Franzius*, Fakultät für Rechtswissenschaft, Universität Hamburg; *Helmut Hildebrandt*, OptiMedis AG, Hamburg; Prof. Dr. *Gerhard Igl*, Institut für Sozialrecht und Sozialpolitik in Europa, Christian-Albrechts-Universität zu Kiel; Prof. Dr. *Thomas Klie*, Forschungs- und Innovationsverbund an der Evangelischen Hochschule Freiburg (FIVE) e.V.; Prof. Dr. *Rainer Pitschas*, Deutsche Hochschule für Verwaltungswissenschaften Speyer; Prof. Dr. *Stephan Rixen*, Lehrstuhl für Öffentliches Recht, Sozialwirtschafts- und Gesundheitsrecht, Universität Bayreuth PD; Dr. *Birgit Schmidt am Busch*, Juristische Fakultät, Ludwig-Maximilians-Universität München; Prof. Dr. *Margarete Schuler-Harms*, Professur für Öffentliches Recht, insbes. Öffentliches Wirtschafts- und Umweltrecht, Helmut-Schmidt-Universität, Hamburg; Prof. Dr. *Peter Udsching*, Vorsitzender Richter am Bundessozialgericht, Kassel; Prof. Dr. *Volker Wahrendorf*, Vorsitzender Richter am Landessozialgericht a.D., Essen; Prof. Dr. *Felix Welti*, Institut für Sozialwesen, Universität Kassel.

Vorwort

Die vorliegende Untersuchung ist nicht allein am Schreibtisch entstanden, sondern bezieht die Erkenntnisse und Einschätzungen aus zwei Arbeitsgesprächen ein. Dabei haben sich jeweils auf Einladung der Robert Bosch Stiftung in Stuttgart hochrangige Vertreter der Gesundheitspraxis aus Politik, Institutionen und Wissenschaft versammelt, um zusätzliche Fragen zu formulieren und um erste Antworten zu geben. Beim zweiten Arbeitsgespräch im November 2012 wurde ein Thesenpapier mit Kolleginnen und Kollegen aus der Sozialrechtswissenschaft kritisch erörtert. All das ist ebenso in das abschließende Gutachten eingeflossen wie die Informationen aus persönlichen Gesprächen mit verschiedenen Protagonisten einer stärker regionalisierten Gesundheitsversorgung.

Diesen Wegbegleitern gilt ebenso mein Dank wie meinem früheren Bochumer Wissenschaftlichen Mitarbeiter *Dennis Beckers*, der einige Abschnitte mitkonzipiert hat, sowie Frau *Brigitta Knust*, der die wiederum hochprofessionelle Manuskriptbetreuung oblag.

Der Robert Bosch Stiftung in Gestalt der Leiterin des Bereichs „Zukunftsfragen der Gesundheitsversorgung", Frau Dr. *Almut Satrapa-Schill*, ist herzlich zu danken für die Initiative zu und die inspirierende Begleitung bei diesem Projekt.

Weiterführende oder ergänzende Hinweise erreichen mich unter der Adresse:

Prof. Dr. Martin Burgi
Lehrstuhl für Öffentliches Recht, Wirtschaftsverwaltungsrecht, Umwelt- und Sozialrecht
Juristische Fakultät der LMU München
Prof.-Huber-Platz 2
80 539 München
Mail: martin.burgi@jura.uni-muenchen.de

München, April 2013 *Martin Burgi*

Inhaltsverzeichnis

Vorwort   9

Teil 1: Untersuchungsrahmen   15

A. Themenstellung   15
    I. Gesundheitsversorgung   15
    II. Regionalisierung von Strukturelementen   16
    III. Reformen innerhalb des Systems   18

B. Impulse aus der Realanalyse und nachbarwissenschaftliche Lösungsansätze   19
    I. Entwicklungen bei den Versorgungsbedürftigen und in der Versorgungslandschaft   19
    II. Anforderungen an funktionsgerechte Strukturelemente   21
    III. Einschlägige Diskussionen in Versorgungsforschung, Praxis und Politik   21
       1. Erkenntnisse aus der Versorgungsforschung, Gesundheitsökonomie und Praxis   21
          a) Kompetenzielle Betrachtungen   22
          b) Materielle Betrachtungen   24
       2. Das GKV-Versorgungsstrukturgesetz (GKV-VStG)   27

C. Verfassungsrechtliche Reformimpulse   29
    I. Staatliche Versorgungsverantwortung   29
       1. Grundlage und Inhalt   29
       2. Konsequenzen   30
    II. Garantie der kommunalen Selbstverwaltung   31

D. Weiteres Vorgehen und Reformkriterien   33
    I. Erweiterte Perspektive auf das Sozial- und Gesundheitsrecht   33
    II. Kurzprofile der relevanten Kompetenzträger   34
       1. Bund und Länder   35
       2. Sozialverwaltungsträger: Gesetzliche Krankenkassen, Kassenärztliche Vereinigungen, Bundes- und Landesausschüsse   35
       3. Kommunen   36
    III. Leitidee und Kriterien   37

IV. Aufbau 39

Teil 2: Die einzelnen Felder 41

A. Prävention i.w.S. 41
   I. Bestehende Strukturelemente und Kompetenzzuordnung 42
      1. Beschreibung 42
         a) Innerhalb des Regimes der Sozialversicherung 42
         b) Außerhalb des Regimes der Sozialversicherung 44
      2. Beurteilung 46
   II. Reformvorschläge 47
      1. Veränderte Kompetenzzuordnung für bestehende Strukturelemente 47
      2. Etwaige neue Strukturelemente 48

B. Kurative Medizin 49
   I. Vertragsärztliche Versorgung 49
      1. Bestehende Strukturelemente und Kompetenzordnung 49
         a) Beschreibung 50
            aa) Bedarfsplanung 50
            bb) Landesausschüsse 51
            cc) Rolle des Gemeinsamen Bundesausschusses 52
            dd) Initiativrecht mit Befassungspflicht und Recht zur Stellungnahme mit Benehmensregelung bei Selektivverträgen 53
            ee) Trägerschaft bei ambulanter Behandlung 54
         b) Beurteilung 55
      2. Kompetenzverschiebungen zugunsten der Länder und/oder Kommunen betreffend bestehende Strukturelemente 56
         a) Bedarfsplanung 57
            aa) Bei den Mitwirkungsrechten 57
            bb) Bei der Abweichungsbefugnis 58
         b) Zusammensetzung der Landesausschüsse nach § 90 SGB V 60
         c) Erweiterte Mitwirkungsrechte im GBA 61
         d) Erweiterte Mitgestaltungsrechte bei Selektivverträgen 63
         e) Erleichterte Voraussetzungen für die Trägerschaft an Einrichtungen zur unmittelbaren ambulanten Behandlung 64
         f) Zusammenfassende Bewertung 65
      3. Etwaige neue Strukturelemente 66
   II. Krankenhausversorgung 67
      1. Versorgungsspektrum und –strukturen im Überblick 67

  2. Kompetenzverschiebungen zugunsten der Länder und/oder der
    Kommunen betreffend bestehende Strukturelemente   70
    a) Krankenhausplanung   70
    b) Kommunale Krankenhausträgerschaft   72
  3. Etwaige neue Strukturelemente   74
 III. Sektorenübergreifende Strukturelemente   76
  1. Veränderte Kompetenzzuordnung für das bestehende
    Strukturelement „Gemeinsames Landesgremium"?   76
  2. Etwaige neue Strukturelemente   78

C. Rehabilitation   79
 I. Bestehende Strukturelemente und Kompetenzordnung   80
  1. Beschreibung   80
  2. Beurteilung   81
 II. Reformvorschläge   82
  1. Veränderte Kompetenzzuordnung für bestehende
    Strukturelemente   82
  2. Etwaige neue Strukturelemente   83

D. Pflege   83
 I. Der Struktur- und Finanzierungsrahmen im Überblick   83
  1. Rechtsrahmen   83
  2. Pflegeplanung   86
  3. Pflegestützpunkte   88
 II. Veränderte Kompetenzzuordnung für bestehende
   Strukturelemente   89
  1. Finanzierung von Pflege   89
  2. Pflegeplanung   90
  3. Pflegestützpunkte   91
  4. Kommunale Einrichtungsträgerschaft   92
 III. Etwaige neue Strukturelemente: Sozialräumliche Planung
   inklusive Mobilisierung bürgerschaftlichen Engagements   93

Teil 3: Felderübergreifende Koordination als Aufgabe der Zukunft in
   kommunaler Verantwortung   95

A. Bisherige Ansätze   95
 I. In der Praxis   95
 II. Politische und wissenschaftliche Vorschläge   98

B. Die felderübergreifende Ebene   98
 I. Charakterisierung   98

II. Modus	99
C. Organisatorische Ausgestaltung im Verfassungsrahmen	100
I. Potentielle Organisationsmodelle	100
II. Koordinierte Gesundheitsverantwortung als künftige Aufgabe des Öffentlichen Gesundheitsdienstes in der Trägerschaft der Stadt- und Landkreise	101
1. Beurteilung dieses Organisationsmodells aus der Sicht von Funktionsgerechtigkeit, staatlicher Gesundheitsverantwortung und kommunaler Selbstverwaltungsgarantie	101
2. Einzelne Regelungselemente	103
a) Trägerschaft	103
b) Pflicht zur Beteiligung der relevanten Träger	104
c) Pflicht zur Gestaltung adäquater Bürgerbeteiligung	105
d) Koordinationspflicht der einbezogenen Träger	106
e) Einspeisung der Koordinationsergebnisse	106
3. Verfassungsrechtliche Beurteilung	108
a) Ausgangslage der Verteilung von Gesetzgebungs- und Verwaltungskompetenzen	108
b) Gesetzgebungskompetenz der Länder	109
c) Verwaltungskompetenz	110
Teil 4: Zusammenfassung	**113**
I. Ausgangslage	113
II. Konzept	114
III. Reformvorschläge für die einzelnen Felder	115
1. Prävention i.w.S.	115
2. Kurative Medizin	115
3. Rehabilitation	117
4. Pflege	117
IV. Felderübergreifende Koordination als Aufgabe der Zukunft in kommunaler Verantwortung	118
Literaturverzeichnis	**121**

Teil 1: Untersuchungsrahmen

A. Themenstellung

Die seit einiger Zeit deutlich intensivierte Diskussion um den Hausärztemangel im ländlichen Raum offenbart nach mittlerweile allgemeiner Einschätzung ein Symptom, hinter dem die gesundheitspolitische Herausforderung einer stärker als bislang regonalisierten Gesundheitsversorgung steht. Die hiermit vorgelegte Untersuchung möchte diese Herausforderung erfassen, die damit verbundenen rechtlichen Fragestellungen entfalten und zu deren Bewältigung Lösungsvorschläge erarbeiten. Dies geschieht in einem Politikfeld, in dem die Entscheidungsfindungen durch eine hochkomplexe Ausgangslage und durch divergierende Grundüberzeugungen in einem sonst nur selten anzutreffenden Maße erschwert sind. Es besteht zudem eine eigene Betroffenheit aller Akteure gegenüber dem Gegenstand, teilweise sogar von existenzieller Dimension. Neben den zumeist im Vordergrund stehenden materiellen Fragen (insbesondere der Frage nach dem künftigen Umfang der erbrachten Leistungen, ihrer Verteilung und ihrer Finanzierbarkeit) gibt es zahlreiche kompetenzielle Probleme, die im Mittelpunkt dieser Untersuchung stehen sollen.

I. Gesundheitsversorgung

Strukturreformen dürfen nicht allein auf den Bereich der kurativen Medizin (ambulant und stationär; aus Platzgründen unter Ausblendung der Psychiatrie) beschränkt bleiben, vielmehr sollen die Felder Prävention, Rehabilitation und Pflege einbezogen werden. Insoweit ist die bereits im Jahr 1976 von *Hans Peter Bull* geäußerte Vermutung, dass die organisatorischen Strukturen desto mehr in Bewegung geraten werden, je deutlicher wird, „dass zur Erhaltung von Gesundheit und Erwerbsfähigkeit der Menschen über die ärztliche Behandlung und die Krankenhauspflege hinaus ein umfassendes und sorgfältig abgestimmtes System von Vorsorge und Rehabilitation erforderlich ist",[1] gültiger denn je. Freilich ist die Rechtslage schon innerhalb des Feldes der kurativen Medizin zersplittert und nur noch schwer zu überblicken. Dem Anliegen, erstmals eine felderübergreifende, primär kompetenzorientierte Untersuchung zu ermöglichen, kann daher nicht mit einer vollkommen lückenlosen Untersuchung Rechnung getragen werden. Vielmehr darf

---

1 KrV 1976, S. 175.

es aus Gründen der gedanklich-sachlichen Konzentration (und natürlich wegen der Beschränktheit von Zeit und Platz) auch hier einer Auswahl. Dabei können bedauerlicherweise die jeweils wichtigen und ebenfalls in stärkerem Maße verzahnungsbedürftigen Felder der Rehabilitation und Teilhabe behinderter Menschen[2] und der Palliativmedizin nicht einbezogen werden.[3]

Innerhalb des Feldes der kurativen Medizin stehen die künftigen kommunalen Kompetenzen im Hinblick auf die haus- und fachärztliche Versorgung im Mittelpunkt, während ebenfalls aus Zeit- und Platzgründen, aber auch im Interesse der besseren Übersichtlichkeit, die Strukturen in der zahnärztlichen Versorgung ebenso außer Betracht bleiben müssen wie die Strukturen gegenüber nichtärztlichen Leistungserbringern,[4] Apotheken, Gesundheitshandwerkern und Rettungsdiensten.

Als „Gesundheitsversorgung" i.S. dieser Untersuchung werden damit diejenigen Maßnahmen verstanden „die das Ziel haben, den Gesundheitszustand der Bevölkerung zu erhalten, wiederherzustellen und zu verbessern". Dazu zählen die Prävention zur Verhinderung von Krankheiten, die Behandlung von Krankheiten zur Wiederherstellung der Gesundheit und die Rehabilitation zur Vorbeugung gegen eine Krankheitsverschlimmerung oder Pflegebedürftigkeit.[5] Im Interesse größtmöglicher terminologischer Klarheit wird im Hinblick auf die somit einbezogenen fünf großen Bereiche von „Feldern" gesprochen, während der vielfach gebräuchliche Begriff der „Sektoren" zur Bezeichnung der Bereiche der ambulanten (vertragsärztlichen) bzw. stationären Versorgung innerhalb des Feldes der kurativen Medizin verwendet wird.

II. Regionalisierung von Strukturelementen

Im Mittelpunkt dieser Untersuchung stehen Handlungsinstrumente und Organisationsinstrumente, mit denen die Akteure des Staates (Bund, Länder), der Sozial-

---

2 Dort interessanterweise vorhandene Ansätze einer „örtlichen Teilhabeplanung" (*Welti*, ZFSH/SGB 2011, S. 401) geben freilich der hiesigen Arbeit interessante Impulse.
3 Der dort heute vorherrschende Ansatz bezieht sich nicht mehr allein auf das Lebensende im engeren Sinne (Sterbephase), sondern richtet sich prinzipiell an alle Patienten mit unheilbaren, fortgeschrittenen und weiter fortschreitenden Erkrankungen unter dem Sammelbegriff „Palliative Care" (näher hierzu *Schneider*, in: Robert Bosch Stiftung, Ausbildung für die Gesundheitsversorgung, 2011, S. 23 [25 f.]).
4 Ungeachtet der gerade auch hier in besonderem Maße bestehenden Notwendigkeit zur verstärkten Kooperation (vgl. hierzu das von der Robert Bosch Stiftung veröffentlichte „Memorandum Kooperation der Gesundheitsberufe. Qualität und Sicherstellung der zukünftigen Gesundheitsversorgung", 2011), sowie den sich daraus ergebenden veränderten Ausbildungsnotwendigkeiten (dazu ebenfalls Robert Bosch Stiftung, Ausbildung für die Gesundheitsversorgung von morgen, 2011).
5 In Anlehnung an *Axer*, in: Isensee/Kirchhof, HdbStR IV, § 95 Rdnr. 1.

verwaltungsträger und der Kommunen auf das Versorgungsgeschehen einwirken können. So bildet beispielsweise der Bedarfsplan in der vertragsärztlichen Versorgung (nach § 99 SGB V) ein wichtiges Handlungsinstrument, während der in die Aufstellung der Bedarfspläne einbezogene „Landesausschuss der Ärzte und Krankenkassen" nach § 90 Abs. 1 SGB V ein Organisationsinstrument darstellt. Neben der Identifizierung der Strukturelemente geht es vor allem um die darauf bezogenen Kompetenzen von Kommunen, vielfach wird es aber auch erforderlich sein, die Kompetenzen der übergeordneten Gebietskörperschaften, d.h. der Länder, einzubeziehen. Mit diesem akteursbezogenen Regionalisierungsansatz sollen vor Ort mehr Flexibilität und mehr Gestaltungsspielräume im Interesse einer verbesserten Gesundheitsversorgung erreicht werden, wie dies die Parlamentarische Staatssekretärin im Bundesministerium für Gesundheit, *Annette Widmann-Mauz*, in ihrem Vortrag beim Professorengespräch des Deutschen Landkreistages 2012 treffend formuliert hat.[6] Innerhalb des Gesamtkomplexes des Rechts der Gesundheitsversorgung handelt es sich damit um einen Ausschnitt, der seinem Charakter nach als Querschnitt anzusehen ist.

Nicht untersucht werden die insbesondere in den vergangenen Monaten, vor allem mit dem GKV-Versorgungsstrukturgesetz (ausführlich zu diesem vgl. sogleich) forcierten Maßnahmen materiellen Charakters.[7] Hier gehören Maßnahmen wie eine verbesserte Honorierung von Hausärzten, Veränderungen im Medizinstudium oder auch Veränderungen beim Nachbesetzungsverfahren für Vertragsarztsitze oder die darauf gerichtete finanzielle Förderung seitens der Kassenärztlichen Vereinigung. Auch ein veränderter Zuschnitt von Planungsbereichen ist ein materiell-rechtliches Element, kein Strukturelement im hier untersuchten Sinne.

Außerhalb des Untersuchungsrahmens liegen ferner Kooperations- und Koordinationsvorgänge unter den eigentlichen Leistungserbringern, beispielsweise die Zusammenarbeit zwischen Ärzten in sog. Versorgungsnetzen[8] oder die bereits erwähnte stärkere Kooperation der Träger verschiedener Gesundheitsberufe.

Ebenfalls außerhalb der Betrachtung bleiben muss schließlich das potenzielle Regionalisierungsfeld einer Dezentralisierung der Sozialversicherungsträger, beispielsweise die Suche nach Regionalisierungspotenzialen innerhalb der Kassenstruktur, wie sie etwa durch das Projekt „Gesundes Kinzigtal"[9] vor Ort praktiziert worden ist; freilich bildet der Zentralisierungsprozess unter den Krankenkassen

---

6 Veröffentlicht in Der Landkreis 6/2012, S. 231, unter dem Titel „Mehr Flexibilität vor Ort in der Gesundheitspolitik".
7 Hier als erste Beiträge nur *Möller*, SGb 2011, S. 557; *Kaltenborn/Völger*, GesR 2012, S. 129; *Kühl*, Sicherstellung, S. 68 ff.
8 Zu diesbezüglichen Ansätzen *Schütz/Knieps*, ZRP 2012, S. 164. Vgl. aber auch noch unten, im Abschnitt über die stärkere Verzahnung zwischen stationärem und ambulantem Sektor in der kurativen Medizin (Teil 2 B II 1).
9 Hierüber hat *Daub* auf dem Symposium der Robert Bosch Stiftung „die Gesundheitsversorgung von morgen", 26./27.11.2010, berichtet.

einen wichtigen Faktor für die in den vergangenen Jahren erfolgte Zentralisierung der Versorgungsstrukturen und zugleich einen Faktor, der es nunmehr namentlich den kommunalen Akteuren erschwert, überhaupt zuständige Ansprechpartner auf der Seite der Sozialversicherungsträger zu finden.[10]

III. Reformen innerhalb des Systems

Angesichts des teilweise sehr unterschiedlich vorhandenen, unverzichtbaren Know-hows und im Interesse einer realistischen Umsetzungsperspektive wird ein evolutiver Ansatz verfolgt. Dazu gehört auch, den gegenwärtigen Verlauf der Finanzierungsströme als Ausgangsparameter zur Kenntnis zu nehmen und ihn nicht grundsätzlich in Frage zu stellen. Angemerkt sei freilich, dass die Kommunen über die Verausgabung der ihnen zustehenden Steuermittel, insbesondere auch als örtliche Träger der Sozialhilfe nach § 3 Abs. 2 SGB XII, in erheblichem Maße durchaus in der Finanzverantwortung stehen; ungeachtet der überragenden Bedeutung der finanziellen Ressourcen der Gesetzlichen Krankenversicherung gibt es daher durchaus auch relevante finanzielle Standbeine auf kommunaler Seite.

Sich innerhalb des gegenwärtigen Systemrahmens zu bewegen, und dabei auf Kompetenzfragen zu fokussieren, bedeutet ferner, nicht die Weiterentwicklung der Regelungsstrukturen (der sog. Governance)[11] in den Mittelpunkt zu stellen, wie es beispielsweise jüngst mit dem Gutachten von *Becker/Schweitzer* zum 69. Deutschen Juristentag unter dem Titel „Wettbewerb im Gesundheitswesen" geschehen ist. Hierbei handelt es sich um einen anderen, zu Recht vielfältig und intensiv untersuchten Querschnitt.

Dass ein evolutiver Ansatz zugrunde gelegt wird, bedeutet schließlich, dass auch die nachfolgenden Überlegungen erste Schritte sein sollen, denen künftig weitere Maßnahmen folgen könnten. Daher müssen die Reformvorschläge zugleich Weiterentwicklungspotenzial besitzen.

---

10 Näher beschrieben bei *am Orde/Reiners*, G+S 2011, S. 43 (44 f.).
11 Grundlegend mit Blick auf das Gesundheitswesen hierzu *Kingreen*, DV 42 (2009), S. 339; vgl. auch *Burgi*, in: FS Schenke, S. 644 f.

B. Impulse aus der Realanalyse und nachbarwissenschaftliche Lösungsansätze

I. Entwicklungen bei den Versorgungsbedürftigen und in der Versorgungslandschaft

Es liegt auf der Hand, dass derart festgefügte organisatorische Strukturen, wie sie in der Gesundheitsversorgung festzustellen sind, nicht zuerst durch Impulse aus dem Recht, sondern nur dadurch in Bewegung geraten werden, dass bei den Versorgungsbedürftigen und in der Versorgungslandschaft, also in der Realität, Probleme und (daraus abgeleitet) etwaige Steuerungsdefizite sichtbar werden.[12]

So ist mittlerweile allgemein bekannt, dass unsere Gesellschaft mit einer steigenden Zahl von Fällen wegen der Altersentwicklung konfrontiert sein wird. Nach heutiger Schätzung ist davon auszugehen, dass im Jahr 2030 28 Millionen statt heute 20,5 Millionen Menschen über 60 Jahre alt sein und 6 statt 3,6 Millionen bereits über 80 Jahre alt sein werden,[13] mit übrigens auch älter werdenden und vermehrt ausscheidenden Ärzten. Bereits für 2020 prognostiziert die Kassenärztliche Bundesvereinigung, dass bis dahin etwa 24.000 Hausärzte, 28.000 Fachärzte und eine entsprechend große Zahl von Pflegekräfte ausgeschieden sein werden. Wie ferner *Pitschas*[14] mitteilt, sind in den Krankenhäusern gegenwärtig bereits mehr als 6.000 ärztliche Stellen vakant.[15] Zugleich wird sich ein immer ungleicher verteiltes Angebot an Leistungen zeigen, gegenwärtig schon zu beobachten im ambulanten Bereich, und zwar vor allem bei der hausärztlichen Versorgung. Dies offenbart sich am deutlichsten im ländlichen Raum, wie etwa die Zahlen aus dem Landkreis Reutlingen in Baden-Württemberg belegen.[16] Danach werden sich in der Gemeinde Münsingen in diesem Kreis im Jahr 2025 noch ganze 2 Hausärzte befinden, gegenüber 11 Hausärzten in 2010. Auch der innerstädtische Bereich ist von dieser Entwicklung aber nicht unberührt. So berichtet *Köhler*[17] darüber, dass nach Aufhebung der Planungsbezirke in Berlin sich viele Ärzte in den bereits attraktiven Gebieten wie Charlottenburg oder Zehlendorf niedergelassen haben, während als unattraktiver eingeschätzte Gebiete wie Lichtenberg oder Marzahn weiter ausdünnten.[18]

---

12 So übereinstimmend *Uhlemann/Lehmann*, G+S 2011, S. 26, und *Kopetsch*, G+S 2011, S. 34. Die nachfolgenden Ausführungen beruhen teilweise auf *Burgi*, in: Henneke, Verantwortung, S. 28.
13 Zahlen nach *Kaltenborn/Völger*, GesR 2012, S. 129 (130).
14 VSSR 2012, S. 157 (163 f.).
15 Weitere Informationen zu dieser Thematik bei *Schneider*, in: Robert Bosch Stiftung, Ausbildung für die Gesundheitsversorgung von morgen, S. 23 ff.
16 Vgl. hierzu den Bericht der Arbeitsgruppe „Hausärzteversorgung im Landkreis Reutlingen".
17 ZMGR 2011, S. 211 (212).
18 Näher zu beiden Entwicklungen und mit weiteren Nachweisen *Kaltenborn/Völger*, GesR 2012, S. 129 f.

Das Problem ist also nicht so sehr die Unterversorgung an sich, sondern die ungleiche Verteilung,[19] was bedeutet, dass es auch erhebliche Überhänge gibt. Nach Schätzungen der Kassenärztlichen Bundesvereinigung kostet die Fehlallokation (interessanterweise) den Steuerzahler 5 Milliarden Euro jährlich.[20] Ähnliches gilt auch für den stationären Bereich, wo die Zahl der Behandlungen rasant wächst und sich dabei innerhalb bestimmter Behandlungsfälle neu verteilen wird (etwa: mehr Herz-Kreislauf-Erkrankungen und weniger Geburten).[21]

Angesichts dessen wächst das Bewusstsein dafür, dass das „Ob" der Versorgung mit elementaren Gesundheitsleistungen (nicht etwa erst mit teuersten Krebstherapien oder mit Organtransplantaten) keine Selbstverständlichkeit ist. So rückt ein längst abgesichert geglaubter Pfeiler der Daseinsvorsorge, zumal der mit der größten existenziellen Bedeutung, plötzlich wieder in den Mittelpunkt. Dadurch entsteht fast unweigerlich eine Verbindung zur kommunalen Ebene als typischem Erstadressaten der Formulierung von Versorgungsbedürfnissen. Für diese ist eine leistungsfähige Gesundheitsversorgung ferner zugleich Standortfaktor, ebenso wie etwa das Vorhandensein von Strom- oder von Telekommunikationsnetzen. Zu der veränderten Bedürfnislage einer älter werdenden Gesellschaft und der Zunahme chronischer Erkrankungen, hinzu treten die ebenfalls teilweise veränderten Krankheitsbilder (Stichwort „Burnout-Syndrom") bzw. das veränderte Gesundheitsbewusstsein auch des jüngeren Teils der Bevölkerung. Es gibt mithin eine quantitative und eine qualitative Dimension.

All das wird mit wachsender Tendenz zu Veränderungen auf der Leistungsseite, d.h. bei den Versorgungsangeboten führen bzw. führen müssen, und zwar im Sinne zunehmender Überschneidungen. Dies betrifft die medizinische Versorgung und die Rehabilitation bzw. die Prävention bis hin zum Sport, zu Wellnessangeboten und zur Kultur, auch bis hin zur Bildung, ebenso die medizinische Versorgung und die Pflege sowie die medizinische Versorgung im ambulanten, im stationären und in einem bereits erkennbar wachsenden sektorenübergreifenden Überschneidungsbereich und schließlich, wie bereits erwähnt, die medizinische Versorgung durch Ärzte, aber eben auch durch die Träger immer weiter diversifizierter anderer Gesundheitsberufe.

---

19 Gut herausgearbeitet bei *von Stackelberg/Uhlemann*, ZMGR 2011, S. 214 (215), und *Kaltenborn/Völger*, GesR 2012, S. 129 f.
20 Zahlen nach *Kaltenborn/Völger*, GesR 2012, S. 129 (130).
21 Statistische Ämter des Bundes und der Länder (Hrsg.), Demographischer Wandel in Deutschland, Auswirkungen auf Krankenhausbehandlungen und Pflegebedürftige im Bund und in den Ländern, Heft 2, 2010, S. 14.

II. Anforderungen an funktionsgerechte Strukturelemente

Übereinstimmend wird bis heute davon ausgegangen, dass eine erfolgreiche Gesundheitsversorgung unter den Rahmenbedingungen des Verfassungs- und Rechtssystems der Bundesrepublik Deutschland auf die folgenden drei Ziele hin orientiert sein muss: Sicherstellung einer flächendeckenden, gleichmäßigen Versorgung der Bevölkerung, Sicherung der Qualität der Versorgung und Sicherung von Wirtschaftlichkeit und Preisstabilität einschließlich Effizienz.[22] Bestehende und ggf. künftig neu zu schaffende Strukturelemente, die eine an diesen Zielen orientierte Aufgabenerfüllung ermöglichen, also funktionsgerecht sein sollen, müssen in Anbetracht der zu I angestellten Realanalyse den folgenden Anforderungen entsprechen:

– Sie müssen problem- und sachnahe Entscheidungen gewährleisten, und dies bei hinreichender Flexibilität;
– Sie müssen der zunehmenden Verzahnung der Felder bzw. Sektoren Rechnung tragen, also im stärkeren Maße Elemente der Koordination oder gar Integration beinhalten als dies bislang der Fall war;
– Sie müssen schließlich die einzelnen Betroffenen (d.h. die zu versorgenden Menschen) stärker (auch) als Akteure, denn (nur) als Adressaten von Versorgungsmaßnahmen begreifen. Dies schließt auch den Aspekt einer verstärkten Beteiligung an den zu treffenden Entscheidungen (die sog. Bürgerbeteiligung) ein.

III. Einschlägige Diskussionen in Versorgungsforschung, Praxis und Politik

1. Erkenntnisse aus der Versorgungsforschung, Gesundheitsökonomie und Praxis

Neben der rechtswissenschaftlichen Auseinandersetzung ist das Gesundheitswesen selbstverständlich auch Gegenstand von Untersuchungen aus anderen Wissenschaftsbereichen, insbesondere aus sozial- und wirtschaftswissenschaftlicher Perspektive. Es haben sich sogar eigene Teildisziplinen wie die Versorgungs- und Pflegeforschung oder die Gesundheitsökonomie herausgebildet, deren Erkenntnisse aus interdisziplinärer Sicht auch für das vorliegende Gutachten von Interesse sein können. Daher soll das Thema „Regionalisierung in der Gesundheitsversorgung" kursorisch auch aus dem Blickwinkel dieser anderen Disziplinen betrachtet werden, ohne hierbei jedoch einen Anspruch auf Vollständigkeit zu erheben oder sich gar fachspezifische Kompetenzen auf diesen Gebieten anzumaßen.

---

22 Vgl. hierzu *Igl*, in: Sozialrechtshandbuch, § 18 Rdnr. 38 ff.; *Schuler-Harms*, in: Fehling/Ruffert, Regulierungsrecht, § 15 Rdnr. 20 ff. m.w.N.

Dabei soll zunächst (a) untersucht werden, ob in diesen Wissenschaftsbereichen die Frage der Regionalisierung auch im Hinblick auf kompetenzielle Reformen, insbesondere zur Rolle der Kommunen, diskutiert wird und sodann (b), welche materiellen Ansätze vorzufinden sind, um die Gesundheitsversorgung auch in Zukunft in der Fläche zu gewährleisten.

a) Kompetenzielle Betrachtungen

Beleuchtet man die einschlägige wissenschaftliche Literatur zum Thema Gesundheitsversorgung hinsichtlich der Rolle der einzelnen Akteure, fällt schnell auf, dass sich Lösungsansätze für Versorgungsprobleme zumeist im bestehenden System bewegen, also an der prägenden Rolle der Kassenärztlichen Vereinigungen und Krankenkassen, den Trägern der funktionalen Selbstverwaltung, im ambulanten Bereich grundsätzlich festhalten.[23] Allerdings darf diese Erkenntnis kaum verwundern, stehen doch häufig eben diese Akteure der funktionalen Selbstverwaltung hinter den diskutierten Reformmodellen.[24] Doch auch darüber hinaus bleiben größere kompetenzielle Impulse zumeist aus, wie etwa im umfangreichen Zukunftskonzept des Sachverständigenrates zur Begutachtung der Entwicklung im Gesundheitswesen[25], das auch im Rahmen des Symposiums „Die Gesundheitsversorgung von morgen" der Robert Bosch Stiftung im Jahre 2010 von *Ferdinand M. Gerlach* vorgestellt wurde. Dieser verwies in seinem Vortrag hinsichtlich regionaler Entscheidungsmöglichkeiten übrigens auf das generelle Problem, das in solchen dezentralen Konstellationen auftritt: Das mangelnde regionale Problembewusstsein gegenüber einer Überversorgung.[26] Vermutlich ist dieser nicht von der Hand zu weisende Vorbehalt auch mit ein Grund dafür, warum insbesondere die Kommunen daher bei den allermeisten Reformüberlegungen (zumindest im wesentlichen) außen vor bleiben.

Zwar gibt es vereinzelte Forderungen, regionale Gesundheitskonferenzen zu institutionalisieren, an denen neben den Akteuren der funktionalen Selbstverwaltung auch die Kommunen beteiligt werden sollen. Allerdings ging es hierbei bislang vornehmlich um Informations- und Diskussionsforen, die primär der Identi-

---

23 Vgl. die Übersicht verschiedener Modelle bei *Schönbach*, Gesundheit und Gesellschaft 1/2011, S. 29.
24 Vgl. etwa *Schönbach/Schliemann/Malzahn/Klauber/Peters*, G+S 1/2011, S. 11, für die AOK; *Uhlemann/Lehmann*, G+S 1/2011, S. 26, für den GKV-Spitzenverband oder *Kopetsch*, G+S 1/2011, S. 34, für die KBV.
25 http://www.svr-gesundheit.de/fileadmin/user_upload/Gutachten/2009/Kurzfassung-2009.pdf, vgl. ferner etwa aus rein gesundheitsökonomischer Perspektive *Mühlbacher/Wessels*, G+S 1/2011, S. 53.
26 Vgl. die Vortragsunterlagen in der „Zusammenstellung von Dokumenten und Materialien" zum Symposium der Robert-Bosch-Stiftung.

fikation von Problemen und ggf. der Erörterung von Lösungsansätzen (die dann im Rahmen des bestehenden Kompetenzgefüges umzusetzen wären) dienen sollen, jedoch über keine oder nur sehr begrenzte eigene Kompetenzen verfügen.[27]

In jüngerer Zeit ließen nun zwei größere Forschungsarbeiten aufhorchen, die die Rolle der Kommunen explizit hervorheben. So empfehlen sowohl eine Expertise der Friedrich-Ebert-Stiftung[28] als auch eine Analyse des Fritz-Beske-Instituts für Gesundheits-System-Forschung (IGSF) im Auftrag des Landes Schleswig-Holstein[29] eine stärkere Einbindung der kommunalen Ebene in die gesundheitliche Versorgung.

Nach den Vorstellungen der Expertise der Friedrich-Ebert-Stiftung soll der Sicherstellungsauftrag für die ärztliche Versorgung fortan nicht mehr bei den Kassenärztlichen Vereinigungen liegen, sondern auf neu zu schaffende regionale Versorgungskonferenzen übertragen werden, der neben der Kassenärztlichen Vereinigung auch Vertreter der Krankenkassen sowie der jeweiligen Kommune und, um einen sektorübergreifenden Bezug herzustellen, der regionalen Krankenhäuser stimmberechtigt angehören. Diese Konferenzen wären dann dafür verantwortlich, Maßnahmen zur Sicherstellung der Versorgung zu treffen oder Überversorgungen abzubauen (zu den möglichen materiellen Befugnissen, um diese Ziele zu erreichen, vgl. sogleich b). Sollten einzelne Konferenzen dem Sicherstellungsauftrag nicht gerecht werden, wäre das jeweilige Bundesland zum Eingreifen berechtigt und verpflichtet. Als entscheidende Vorteile dieses von *Stefan Greß* und *Klaus Stegmüller* skizzierten Systems werden die sektorübergreifende Organisation mit den Vertretern der stationären Einrichtungen und insbesondere die Beteiligung der Kommunen genannt, wodurch eine (anders als bei den zum Teil schon existierenden informellen kommunalen Gesundheitskonferenzen) verbindliche Koordination der Maßnahmen der verschiedenen Akteure möglich werde.

Die Empfehlungen des Instituts für Gesundheits-System-Forschung setzen noch eine Stufe weiter vorne an und verlangen eine Beteiligung der Kommunen an der regionalen Bedarfsplanung, um lokale Versorgungsdefizite besser und vor allem früher zu erkennen. Dabei soll das jüngst durch § 90 a SGB V geschaffene „Gemeinsame Landesgremium" (vgl. dazu Teil 2 B III 1) – vom Fritz-Beske-Institut „Strukturausschuss" genannt – Sitz einer Koordinierungsstelle werden, die gemeinsam mit den ebenfalls neu einzurichtenden kommunalen Lenkungsausschüssen, denen neben den Kommunen auch die Kassenärztlichen Vereinigungen, die

---

27 Vgl. hierzu die Beiträge von *Hinz* sowie *Hoberg* im Rahmen des Bosch-Symposiums.
28 *Greß/Stegmüller*, Gesundheitliche Versorgung in Stadt und Land – Ein Zukunftskonzept, Expertise für die Friedrich-Ebert-Stiftung, Landesbüro Hessen, 2011 (http://library.fes.de/pdf-files/bueros/hessen/07866.pdf); vgl. zusammenfassend auch *Greß/Stegmüller*, KrV 2011, S. 141.
29 *Beske/Brix/Gebel/Schwarz*, Gesundheit und Pflege in Schleswig-Holstein, Interessenübergreifende Analyse und Perspektive, 2012.

Krankenkassen und ggf. weitere regionale Gesundheitsakteure angehören sollen, ein regionales (sektorübergreifendes) Sicherstellungskonzept entwickelt, das Lösungen für Versorgungsprobleme aufzeigt und Maßnahmen koordiniert. Entscheidend sei, dass sowohl den kommunalen Lenkungsausschüssen als auch der Koordinierungsstelle Befugnisse zukommen, um bei Bedarf auch steuernd in die Versorgungswirklichkeit eingreifen zu können. Die griffige Forderung lautet sodann: „Es sollte der Weg zurück zur ‚Allzuständigkeit' der Kommune beschritten werden."[30] Gemeint ist wohl, dass die Kommunen zukünftig bei Fragen der Daseinsvorsorge kompetenziell wieder beteiligt werden sollten.

Bundesweit haben sich in den vergangenen Jahren verschiedene Kommunikations- und Koordinationsplattformen gebildet, deren Gesamtbestand im Rahmen dieses Projekts auch nicht ansatzweise erfasst werden kann. Im abschließenden Teil 3 wird versucht, ausgehend von dokumentierten und zugänglichen Erfahrungen in der Praxis einen Reformvorschlag für die organisatorische Bewältigung einer künftigen Aufgabe „übergreifende Gesundheitsversorgung" zu entwickeln.

Bereits an dieser Stelle sei auf zwei ebenfalls von der Robert Bosch Stiftung geförderte Projekte hingewiesen. Zum einen die „Reutlinger Gesundheitskonferenz" (deren Evaluation) und zum anderen das „Interkommunale Demographieprojekt" im Landkreis Havelland. Während letzteres in erster Linie auf die Zusammenarbeit der Kommunen im Landkreis und die Bewirtschaftung eines gemeinsam gebildeten „Demographiefonds" zielt, aus dem gemeinschaftlich und verwaltungsübergreifend Mittel für Modellprojekte zur bedarfsorientierten Bewältigung der Auswirkungen einer alternden Bevölkerung in den Kommunen zur Verfügung gestellt werden, zielt die Reutlinger Gesundheitskonferenz auf die Erarbeitung, Abstimmung und Umsetzung „kommunaler Gesundheitsförderpläne" sowie auf die Weiterentwicklung von Versorgungsstrukturen. Einbezogen dort sind unter der Leitung des Landrats unter anderem Vertreter von Sozialversicherungsträgern und Krankenkassen, Ärztekammer und Kreisärzteschaft, Selbsthilfeträger, Sportvereine, Bildungseinrichtungen sowie das Reutlinger Landratsamt, insbesondere das Kreisgesundheitsamt und die dort angesiedelte Geschäftsstelle, die Koordinierungs- und Vernetzungsaufgaben wahrnimmt (vgl. noch Teil 3 A I).

b) Materielle Betrachtungen

Weitaus ergiebiger als zu kompetenziellen Fragen ist die gesundheitswissenschaftliche Literatur zu materiellen Regionalisierungsansätzen, da das Allokationspro-

---

30 *Beske/Brix/Gebel/Schwarz*, Gesundheit und Pflege in Schleswig-Holstein, Interessenübergreifende Analyse und Perspektive, S. 47.

blem in der ärztlichen Versorgung allgemein erkannt worden ist und daher an vielfältigen Lösungsmöglichkeiten für die unterversorgten Gebiete gearbeitet wird. So wird zum Beispiel lebhaft diskutiert, worauf die ärztliche Bedarfsplanung zu stützen ist, um eine möglichst optimale Verteilung der Ressourcen zu erreichen. Das aktuelle Bedarfsplanungssystem in Deutschland basiert auf einer Input-orientierten Kapazitätsplanung, wohingegen in der wissenschaftlichen Literatur für eine morbiditätsorientierte, also am tatsächlichen medizinischen Versorgungsaufwand ausgerichtete Output-Planung geworben wird.[31] Wer diese medizinische Versorgung jeweils erbringt und in welcher Form dies geschieht, kann dann von den regionalen Rahmenbedingungen und Besonderheiten des betreffenden Planungsbereiches abhängig gemacht werden und von Region zu Region variieren.

Auch finden sich Stimmen, die eine größere Flexibilität bei der Festlegung der Planungsbereiche fordern, die insbesondere auf eine möglichst kleinteilige Planung hinsichtlich der Primärversorgung (hierzu zählen Allgemeinmediziner, Internisten, praktische Ärzte, Augenärzte sowie Kinder- und Frauenärzte) zielt, um Verteilungsproblemen innerhalb eines bestehenden Planungsbereiches (z.B. in Großstädten oder Kreisen) zu begegnen, dafür aber bei der – zumeist nicht regelmäßig benötigten – allgemeinen fachärztlichen Versorgung längere Wegezeiten und Strecken in Kauf nimmt.[32]

Losgelöst von der konkreten systematischen Ausgestaltung der Bedarfsplanung lassen sich grundsätzlich zwei mögliche Handlungsansätze zur Sicherstellung der medizinischen Versorgung unterscheiden: Einerseits kann die Versorgung möglichst dezentral organisiert werden, d.h. man versucht jede Gemeinde weiterhin mit einem (zumindest zeitweilig verfügbaren) Hausarzt zu versorgen. Die Alternative besteht in einer Konzentration der Versorgungsleistungen an sog. zentralen Orten.[33] Instrumente für die Verfolgung beider Strategien gibt es bereits, ihre forcierte Anwendung wird je nach Präferenz für eines der beiden Modelle gefordert. So können Ärzten Investitionszuschüsse und/oder Honorarzuschläge gezahlt werden, wenn sie sich in unterversorgten Gebieten niederlassen.[34] Auch immaterielle Unterstützung, etwa bei der Wohnungssuche, der Suche nach einem geeigneten Praxisstandort oder nach passenden Kinderbetreuungsmöglichkeiten, wird zuneh-

---

31 *Jacobs/Schulze*, Gesundheit und Gesellschaft 3/2010, S. 20; *Greß/Stegmüller*, Gesundheitliche Versorgung, S. 25 f. Ausführlich zu beiden Planungsvarianten *Mühlbacher/Wessels*, G+S 1/2011, S. 53 (57 ff.).
32 *Schönbach/Schliemann/Malzahn/Klauber/Peters*, G+S 1/2011, S. 11 (14 ff.). Für eine generell kleinräumigere Bedarfsplanung sogar *Greß/Stegmüller*, KrV 2011, S. 141 (142). Kritisch zu allzu kleinen Planungsbereichen allerdings der ehem. Vorsitzendes des G-BA, *Hess*, G+S 1/2011, S. 21 (23), unter Hinweis auf sich überschneidende Versorgungsströme.
33 Zukunftskonzept des Sachverständigenrates (http://www.svr-gesundheit.de/fileadmin/user_upload/Gutachten/2009/Kurzfassung-2009.pdf), S. 162 f.; *Greß/Stegmüller*, Gesundheitliche Versorgung, S. 32 f.
34 *Beske/Brix/Gebel/Schwarz*, Gesundheit und Pflege in Schleswig-Holstein, S. 124 f.

mend wichtiger, wie generell die kommunale Infrastruktur immer mehr an Bedeutung für die Ansiedlung neuer Leistungserbringer gewinnt.[35] Denn allein durch finanzielle Anreize lässt sich zukünftig kaum noch jemand für strukturschwache Gebiete gewinnen, da die zeitlichen Vorstellungen der jüngeren Generation an das eigene Privat- und Familienleben sowie die Freizeitgestaltung spürbar gestiegen sind (Stichwort: Work-Life-Balance).[36] Auch dem Bestreben nach mehr Flexibilität (viele junge Ärzte und insbesondere Ärztinnen wollen sich heute nicht mehr mit einer eigenen Praxis langfristig an einen Ort binden) wird Rechnung getragen, indem verstärkt auf Arztnetzwerke, Medizinische Versorgungszentren oder andere kooperative (und zugleich innovative) Modelle gesetzt und die Residenzpflicht gelockert wird.[37]

Ein weiterer wesentlicher Aspekt in diesem Zusammenhang ist eine reformierte Aufgabenverteilung zwischen Ärzten und nicht-ärztlichen Mitarbeitern. Gerade in unterversorgten Gebieten ist es zukünftig kaum noch möglich, dass Ärzte weiterhin alle Aufgaben selbst erledigen. Stattdessen sollten sie sich auf ihre Kernaufgaben konzentrieren können und von geeigneten Fachkräften in bestimmten Bereichen entlastet werden, insbesondere zeitintensive Hausbesuche, aber auch die standardisierte Betreuung chronisch Kranker könnten auf qualifizierte Dritte delegiert werden.[38] Beispiele für derartige Delegationsmodelle wurden bereits erprobt, so etwa die an das DDR-Modell der Gemeindeschwester angelegte „Arztentlastende, Gemeindenahe, E-Health-gestützte, Systemische Intervention", kurz „AGnES".[39] Insbesondere in Verbindung mit den modernen telemedizinischen Möglichkeiten bieten sich praktikable Lösungsansätze, um Ärzte zu entlasten und gleichzeitig eine qualifizierte Versorgung zu gewährleisten.[40] Noch weitergehender als die Delegation ist im Kontext einer Aufgabenneuverteilung zwischen Ärzten und nicht-ärztlichen Berufen die sogenannte Substitution, d.h. die vollständige Abgabe von Aufgaben, die bisher Ärzten vorbehalten waren, an qualifizierte Dritte, etwa Heilpraktiker, Pflegekräfte oder Physiotherapeuten.[41]

Sollte man trotz alledem nicht genug Leistungserbringer für die unterversorgten Gebiete gewinnen, aber trotzdem am Ziel einer dezentralen Versorgung festhalten wollen, besteht überdies die Möglichkeit auf ergänzende ambulante Versorgungs-

---

35 *Beske/Brix/Gebel/Schwarz*, Gesundheit und Pflege in Schleswig-Holstein, S. 126 ff.
36 *Greß/Stegmüller*, Gesundheitliche Versorgung, S. 32.
37 Zukunftskonzept des Sachverständigenrates (http://www.svr-gesundheit.de/fileadmin/ user_upload/Gutachten/2009/Kurzfassung-2009.pdf), S. 169; *Beske/Brix/Gebel/Schwarz*, Gesundheit und Pflege in Schleswig-Holstein, S. 113 f.,119 ff.
38 *Beske/Brix/Gebel/Schwarz*, Gesundheit und Pflege in Schleswig-Holstein, S. 121 ff.
39 Weitere Beispiele finden sich bei *Beske/Brix/Gebel/Schwarz*, Gesundheit und Pflege in Schleswig-Holstein, S. 122.
40 *Jacobs/Schulze*, Gesundheit und Gesellschaft 3/2010, S. 20 (21 f.).
41 *Greß/Stegmüller*, Gesundheitliche Versorgung in Stadt und Land, S. 33 f.; Zukunftskonzept des Sachverständigenrates (http://www.svr-gesundheit.de/file admin/user_upload/Gutachten/2009/Kurzfassung-2009.pdf), S. 169.

strukturen zu setzen, etwa den Einsatz eines Ärztebusses, der im wahrsten Sinne des Wortes „über die Dörfer tingelt".[42] Spiegelbildlich könnte, entscheidet man sich für eine zentrale Versorgung, ein Shuttleservice eingerichtet werden, der die Patienten zu den Leistungserbringern bringt.[43] Weitere vorgeschlagene materielle Handlungsansätze zur Bekämpfung der Unterversorgung sind die Erhöhung der Anzahl der Medizinstudienplätze, der allerdings per se keine Steuerungswirkung zukommt, und die gezielte finanzielle Förderung von Studenten durch Stipendien, wenn diese sich bereit erklären, nach dem Studium zumindest für einen bestimmten Zeitraum in strukturschwachen, unterversorgten Gebieten zu praktizieren.[44]

Für entscheidend wird allgemein nicht ein einzelner Handlungsansatz erachtet, sondern es komme auf ein koordiniertes und in sich stimmiges Vorgehen aller verantwortlichen Akteure an.[45]

2. Das GKV-Versorgungsstrukturgesetz (GKV-VStG)

Nach Jahrzehnten der wechselseitigen Nicht- oder gar Missachtung[46] hat das GKV-VStG einige Aspekte einer strukturell verbesserten Einbeziehung der Länder und teilweise auch der Kommunen aufgegriffen. Die Initiative hierfür ging bezeichnenderweise von den Ländern aus. Die 83. Gesundheitsministerkonferenz (GMK) hatte am 1. Juli 2010 einstimmig einen Beschluss zur „Stärkung der Gestaltungsmöglichkeiten der Länder in der medizinischen Versorgung" gefasst.[47] Darin wurden u.a. eine Einbeziehung der Länder in den Beratungen des GBA, die Schaffung eines sektorenübergreifenden Gremiums und die Stärkung der Länder im Bereich der Selektivverträge gefordert. Im Zusammenhang mit den dadurch in Gang gekommenen politischen Initiativen und Vorüberlegungen haben auch die zentralen Akteure des Gesundheitswesens Stellungnahmen erarbeitet, so u.a. der GKV-Spitzenverband,[48] die Deutsche Krankenhausgesellschaft,[49] die Kassenärztliche Bun-

---

42 *Beske/Brix/Gebel/Schwarz*, Gesundheit und Pflege in Schleswig-Holstein, S. 53 f.
43 Zukunftskonzept des Sachverständigenrates (http://www.svr-gesundheit.de/fileadmin/user_upload/Gutachten/2009/Kurzfassung-2009.pdf), S. 169.
44 Zukunftskonzept des Sachverständigenrates (http://www.svr-gesundheit.de/fileadmin/user_upload/Gutachten/2009/Kurzfassung-2009.pdf), S. 169 f.
45 *Greß/Stegmüller*, KrV 2011, S. 141 (143).
46 Immerhin gab es die „Bund-Länder-Kommission zur Sicherstellung der medizinischen Versorgung", die u.a. für eine stärkere Einbeziehung der Länder bei der Bedarfsplanung geworben hat; zusammenfassend hierzu *Bredehorst,* ZMGR 2011, S. 204 (206).
47 Näher hierzu *am Orde/Reiners*, G+S 2011, S. 43.
48 Positionspapier vom 28.4.2010 „Zukunft der ambulanten Versorgung – Differenzierte, sektorübergreifende Bedarfsplanung".
49 Position zur Reform der ambulanten ärztlichen Versorgung, KH 2010, S. 728.

desvereinigung[50] sowie der AOK-Bundesverband.[51] All dies bezieht sich freilich „nur" auf einen Ausschnitt, nämlich den unter dem SGB V geregelten Sektor der vertragsärztlichen Versorgung.

Die Bundesregierung hat schließlich am 5.9.2011 einen Gesetzentwurf in den Bundestag eingebracht,[52] in dem sie die „Sicherstellung einer flächendeckenden bedarfsgerechten und wohnortnahen medizinischen Versorgung der Bevölkerung (als) ein zentrales gesundheitspolitisches Anliegen" bezeichnet. Als eine von vielen Maßnahmen wird dabei die „flexible Ausgestaltung der Bedarfsplanung mit erweiterten Einwirkungsmöglichkeiten der Länder" genannt. Der Gegenstand der vorliegenden Untersuchung wird damit erstmals durch ein SGB-Änderungsgesetz erfasst, stand dort aber freilich nicht im Mittelpunkt.

Nach Abschluss der Gesetzesberatungen ist das GKV-VStG schließlich am 22. Dezember 2011 beschlossen worden und konnte sogleich im Bundesgesetzblatt verkündet werden.[53] Die zahlreichen hierzu veröffentlichten Stellungnahmen in den Fachzeitschriften (sowohl von Wissenschaftlern als auch von Vertretern der verschiedenen betroffenen Bereiche) werden im sachlichen Zusammenhang der jeweiligen Einzelthemen verarbeitet.

Obgleich das GKV-VStG bei den nachfolgenden Überlegungen mithin intensiv gewürdigt werden muss, steht aber auch fest, dass es sich hierbei lediglich um einen ersten Schritt handelt, und dass insbesondere die Stellung der Kommunen dort nur höchst ansatzweise in den Blick genommen worden ist. Diese Einschätzung wird von der Gesundheitsministerkonferenz der Länder[54] geteilt und auch in der Literatur wird das Gesetz eher als Auftakt zu weiteren reformerischen Anstrengungen, denn als Schlussstein verstanden.[55]

---

50 „Neuausrichtung der ambulanten medizinischen Versorgung – Gesundheitspolitische Vorschläge der KBV".
51 Papier vom 30.8.2010 „Neue Wege für eine hochwertige, wohnortnahe medizinische Versorgung".
52 BT-Drucks. 17/6906.
53 BGBl. I, S. 2983.
54 Beschlüsse der 85. GMK am 27./28.6.2012 in Saarbrücken, Ziffer 1; vgl. auch den auf dieser Sitzung angenommenen Bericht der „Arbeitsgemeinschaft der Obersten Landesgesundheitsbehörden zur Sicherstellung der hausärztlichen Versorgung in Deutschland. Die Primärversorgung in Deutschland im Jahr 2020 (Stand 1.3.2008)".
55 Vgl. stellv. an dieser Stelle *Stollmann*, in: Versorgungsstrukturen, S. 67, sowie *Frese*, Der Landkreis 2012, S. 236; vgl. ferner *Pitschas*, VSSR 2012, S. 175.

C. Verfassungsrechtliche Reformimpulse

I. Staatliche Versorgungsverantwortung

1. Grundlage und Inhalt

Der Schutz im Falle von Krankheit ist ohne Zweifel eine der „Grundaufgaben des Staates"[56]. Zu sichern ist eine angemessene und bundesweit einheitliche Versorgung, und zwar vermittels eines funktionsfähigen Gesundheitssystems. Dies schließt die Übernahme der Kosten auch für sehr teure medizinische Behandlungen ein, wie das BVerfG in seinem sog. Nikolaus-Beschluss vom 6. 12. 2005 (zur Bioresonanztherapie) festgestellt hat[57]. Wer das zu leisten hat und wie, ist nicht festgelegt. Jedenfalls besteht hier ein Reformimpuls rechtlicher Natur. Als normative Grundlagen fungieren das Sozialstaatsprinzip nach Art. 20 Abs. 1 GG und die Schutzpflicht für Leben und körperliche Unversehrtheit nach Art. 2 Abs. 2 Satz 1 GG[58].

Die staatliche Versorgungsverantwortung markiert zunächst die Grenze gegenüber den privaten Leistungserbringern, v.a. den Ärzten. Insoweit kommt ihr Bedeutung für die Rechtfertigung von Grundrechtseingriffen, insbesondere von Zulassungsbeschränkungen, Planungs- und anderen Steuerungsentscheidungen zu.[59] Hier dürften sich in Zukunft Veränderungen ergeben, denen aber an dieser Stelle nicht nachgegangen werden kann. Wichtig aus unserer Perspektive ist, dass die *staatliche* Versorgungsverantwortung dazu verpflichtet, die gewählten materiellen und organisatorischen Gestaltungen immer wieder dahingehend zu prüfen, ob mit ihnen der Verantwortung noch entsprochen werden kann, ob es Defizite gibt oder ob alles erfolgreich verläuft.

Dem Grundgesetz geht es an dieser Stelle erst einmal um das Staats-*Ziel* und um die daraus folgenden Aufgaben, nicht um Kompetenzen etwaiger Träger. Es ist insoweit trägerneutral. Das bedeutet, dass es keine Verantwortung der sozialen Selbstverwaltung konstituiert, weder im Hinblick auf die sog. Gemeinsame Selbstverwaltung noch im Hinblick auf die Krankenkassen[60] (übrigens ebenso wenig wie es diese selbst garantiert; vgl. D II 2). Es verpflichtet vielmehr den Staat zur Erreichung eines Ziels, an dem die gegenwärtige organisatorische Konfiguration

---

56 Terminologie des BVerfG, Beschl. v. 9.6.2004, DVBl. 2004, S. 1161 (1162); weiterführend *Axer*, in: HdbStR IV, § 95 Rdnr. 45; *Wallrabenstein*, ZMGR 2011, S. 197.
57 BVerfGE 115, 25.
58 Näher *Butzer*, in: HdbStR IV, § 74 Rdnr. 30, 39 ff.; *Kühl*, Sicherstellung, S. 25 ff.
59 Streitig ist, ob künftig Zulassunsbeschränkungen verstärkt legitimiert sind (so *Wallrabenstein*, ZMGR 2011, S. 197 [200 ff.]), oder ob ihre Reduzierung gefordert ist (so *Köhler*, ZMGR 2011, S. 211 [212]).
60 Letzteres legt aber *Wallrabenstein*, ZMGR 2011, S. 197 (198 f.), in m.E. unklarer verfassungsrechtlicher Ableitung nahe.

durch die verantwortlichen Gesetzgeber von Zeit zu Zeit gemessen werden muss.[61] Die staatliche Verantwortung bildet somit den Rahmen für die Funktionsgerechtigkeit der Kompetenzverteilung.

2. Konsequenzen

Was bedeutet dies nun für unsere Fragestellung? Die Realanalyse hat verschiedene, teilweise erheblicher werdende Versorgungsdefizite ergeben. Ferner hat sie gezeigt, dass sich einzelne Aufgaben verändern, dass sie sich ausdifferenzieren und dass immer mehr Überschneidungen entstehen. Wie es scheint, stößt die soziale Selbstverwaltung in dieser Situation an Leistungsgrenzen. Darauf müsste der Staat als Gesetzgeber reagieren, denn er bildet die letzte Verantwortungsinstanz, d.h. die ihm auferlegte Versorgungsverantwortung ist unaufgebbar. Konkret ist dabei nach der fortbestehenden Selbstverwaltungstauglichkeit der zu bewältigenden Aufgaben zu fragen, d. h. nach deren unverändert vollständigen Überantwortung an gesellschaftliche Teilgruppen,[62] wie sie die gegenwärtige Kompetenzverteilung prägt (vgl. sogleich).

Ist nicht angesichts der gegebenen Umstände eine erhöhte „Staatsbedürftigkeit" (in Abgrenzung zur Selbstverwaltung) indiziert[63]? Konkret im ambulanten Bereich erscheint es – vorbehaltlich einer näheren Prüfung – schon jetzt nicht plausibel, dass die Länder weitgehend nur auf die Rechtsaufsicht beschränkt sind und die Kommunen über gar keine Kompetenzen verfügen. Das BVerfG ist jedenfalls in der Entscheidung zu den Wasserverbänden im Hinblick auf diesen Sektor der funktionalen Selbstverwaltung davon ausgegangen, dass diesen „überwiegend überschaubare Aufgabenbereiche (anvertraut sind), bei denen die Erledigung durch Organisationseinheiten der (funktionalen; Anm. d. *Verf.*) Selbstverwaltung historisch überkommen ist und sich bewährt hat."[64] Eine Blankoermächtigung der Selbstverwaltungstauglichkeit aller Aufgaben der Gesundheitsversorgung besteht somit nicht – und damit ein Reformimpuls mit verfassungsrechtlichem Hintergrund.

---

61 So auch *Kötter*, in: von Arnauld/Musil, Strukturfragen, S. 129, der jedoch den weiten gesetzgeberischen Spielraum betont.
62 Burgi/Maier, DÖV 2000, S. 579 (587); weiterführend *Burgi*, VVDStRL 62 (2003), S. 405.
63 *Hense*, in: Fehling/Ruffert, Regulierungsrecht, § 16 Rdnr. 207.
64 BVerfGE 107, 59 (93).

II. Garantie der kommunalen Selbstverwaltung

Interessanterweise ist die Tradition kommunaler Sozialpolitik, teilweise auch der Gesundheitspolitik, durchaus länger als die Tradition der heute das politische Bewusstsein und die rechtlichen Realitäten so sehr dominierenden bundesweiten Sozialversicherungssysteme. Beginnend mit der Armenfürsorge[65] als Teil der „guten Policey" und fortgeführt in den kommunalen Jugend-, Gesundheits- und Arbeitsämtern der Kaiserzeit wurde die kommunale Sozialleistungstätigkeit mehr und mehr ergänzt und in der öffentlichen Wahrnehmung teilweise überlagert durch die zahlreichen Tätigkeiten zur Sicherung einer allen Bürgern gleichmäßig anzubietenden Versorgung in Gestalt der sog. Daseinsvorsorge. So waren es zuerst die Kommunen, die sich um die Wasserversorgung und um die Verkehrswege, später um die Versorgung mit Elektrizität und Gas kümmerten. Neben diese Daseinsvorsorgeleistungen von mittelbarer sozialer Relevanz traten die unmittelbar sozialrelevanten Leistungen in Krankenhäusern, Heimen, Sozialstationen oder Rettungsdiensten und bildete sich spätestens in der Nachkriegszeit eine Art zweigliedriges System der sozialen Daseinsvorsorge, mit den beiden Säulen „Sozialleistungen" einerseits, Einrichtung von sozialen Diensten und Einrichtungen andererseits, heraus.

Verfassungsrechtlich rückt nun Art. 28 Abs. 2 GG in den Blick. In der bisherigen Beschäftigung mit dem Sozial- oder Gesundheitsrecht, d. h. in den Gesetzen, den Kommentaren oder in den wissenschaftlichen Werken, kommt er allerdings so gut wie gar nicht vor.[66] Dabei kann m.E. kein Zweifel daran bestehen, dass die Versorgung der eigenen Bevölkerung eine „Angelegenheit der örtlichen Gemeinschaft" ist, da die Krankenversorgung im Sinne der einschlägigen Begriffsbestimmung des BVerfG sowohl in der örtlichen Gemeinschaft wurzelt als auch auf sie einen spezifischen Bezug hat.

Dies ist unumstritten, soweit es den Betrieb bzw. die planerische und finanzielle Unterstützung von Krankenhäusern betrifft,[67] richtigerweise muss das Gleiche für die Aufgabe der Sicherstellung einer ausreichenden Zahl an niedergelassenen Ärzten gelten. Die Bayerische Verfassung nennt das „örtliche Gesundheitswesen" explizit als Bestandteil des Gewährleistungsbereichs der dortigen Selbstverwaltungsgarantie (in Art. 83 Abs. 1). Diese Aufgabe war, wie eingangs angedeutet, bis zur Einführung der bundesweiten Sozialversicherung tatsächlich teilweise bei den

---

65 *Sachße/Tennstedt*, Geschichte der Armenfürsorge in Deutschland, Band 1, S. 30 ff.; instruktiv auch *Welti*, KommJur 2006, S. 241 ff.
66 Eine Ausnahme bildet *Schmidt am Busch*, Gesundheitssicherung, S. 44 f., 64 f., 87 ff., 184 f., 233 ff., 263 f. Zugunsten der Einbeziehung von Aufgaben der örtlichen Gesundheitsversorgung nun auch *Udsching*, in: Henneke, Verantwortung, S. 48; *Pitschas*, VSSR 2012, S. 175.
67 *Schmidt am Busch*, Gesundheitssicherung, S. 263 f.

Städten angesiedelt, die sie durch die Anstellung von Ärzten zu erfüllen versucht haben.[68] Der Gewährleistungsbereich der Selbstverwaltungsgarantie ist mithin eröffnet.

Das bedeutet zum Ersten einen Schutz gegen das Herausdrängen aus bisheriger Aufgabenträgerschaft oder gegen eine grundlegende, strukturelle Verschlechterung der für diese bestehenden Bedingungen. Beides steht aktuell nicht in Frage, aber die immer wieder diskutierte Überführung der Krankenhausplanung in ein monistisches System,[69] d.h. die Eliminierung der Planungs- und Investitionsförderkompetenz der Länder sowie des (subsidiären) örtlichen Sicherstellungsauftrages der Kommunen[70] zu Gunsten einer angeblich wettbewerbseröffnenden Steuerungsmacht der Gesetzlichen Krankenkassen,[71] müsste (neben Art. 84 Abs. 1 GG)[72] auch die kommunale Selbstverwaltungsgarantie auf den Plan rufen.

Zum Zweiten, und gleichsam umgekehrt, kann es keine unbefristet garantierte Rechtfertigung desjenigen Eingriffs in den sog. Randbereich der Selbstverwaltungsgarantie geben, den die gegenwärtige Nichtberücksichtigung der Kommunen bei den Aufgaben der ambulanten Krankenversorgung darstellt.[73] Mit dieser Stoßrichtung stellt Art. 28 Abs. 2 GG einen weiteren veritablen verfassungsrechtlichen Hebel für Bemühungen um eine stärkere Dezentralisierung der Versorgung dar. An der Kommunal-Selbstverwaltungstauglichkeit dürften angesichts des sogleich beschriebenen Profils der Kommunen, insbesondere wegen ihrer Ortsnähe und strukturellen Interdisziplinarität, keine Zweifel bestehen.[74]

---

68 Allerdings mit offenbar bescheidenem Erfolg, wie *Schmidt am Busch*, Gesundheitssicherung, S. 234, berichtet.
69 Vgl. nur *Quaas/Zuck*, Medizinrecht, § 25 Rdnr. 10; *Kingreen*, DV 42 (2009), S. 339 (352); *Hense*, in: Regulierungsrecht, § 16 Rdnr. 102; *Becker/Schweitzer*, DJT-Gutachten, näher Teil 2 B II 3.
70 Zu ihm *Hense*, in: Regulierungsrecht, § 16 Rdnr. 102. Berechtigt erscheint auch die kommunale Forderung nach einer Mitwirkung im Landeskrankenhausausschuss.
71 Vertiefend und mit weiteren Reformüberlegungen *Becker/Schweitzer*, DJT-Gutachten, S. 125 f. Eine andere, m. E. grundsätzlich positiv zu beantwortende Frage ist es, ob den Kassen im bestehenden System der Krankenhausplanung mehr Mitspracheomöglichkeiten eingeräumt werden sollten (vgl. dazu *Udsching,* in: Henneke, Verantwortung, S. 54 f.).
72 Näher *Burgi/Maier*, DÖV 2000, S. 579, allerdings noch zum Rechtsstand vor der Föderalismusreform I; zur verfassungsrechtlichen Beurteilung des Monismus vgl. auch *Degenhart*, in: Sachs, GG, Art. 74 Rdnr. 90.
73 Zur bisher angenommenen Rechtfertigung vgl. *Schmidt am Busch*, Gesundheitssicherung, S. 263 f.
74 In Anknüpfung an die Überlegungen zu sozialen Aufgaben jenseits des Gesundheitssektors bei *Burgi*, DVBl. 2007, S. 70 (73 f.).

D. Weiteres Vorgehen und Reformkriterien

I. Erweiterte Perspektive auf das Sozial- und Gesundheitsrecht

Wissenschaftlich versteht sich die hier vorgelegte Untersuchung als ein Beitrag zu einer breiteren Offensive, die das Gesundheitsrecht stärker auch aus einer allgemeineren, nicht allein sozialrechtlichen Perspektive betrachten möchte. Dieses erscheint dabei entweder als Referenzgebiet für das Allgemeine Verwaltungsrecht[75] oder es geht darum, verfassungsrechtliche Fehlentwicklungen zu analysieren und zu beheben, wie dies in den vergangenen Jahren im Hinblick auf die Grundrechte und im Hinblick auf das Gebot demokratischer Legitimation geschehen ist.[76] Diese Bemühungen sollen durch die hier vorgelegte Untersuchung auf den Bereich der Kompetenzverteilung, d.h. auf organisatorisch-strukturelle Fragen erstreckt werden.

Dass dabei die rechtsvergleichende Perspektive bewusst ausgeblendet wird, ist nicht nur der Notwendigkeit thematischer und zeitlicher Begrenzung geschuldet, sondern vor allem dem Umstand, dass Fragen der Kompetenzverteilung besonders tief im jeweils zugrunde liegenden Rechts- bzw. Verfassungssystem wurzeln. Sollte beispielsweise der rechtsvergleichende Blick in ein anderes Land erweisen, dass dort in intensivem Maße kommunale Kompetenzen in der Gesundheitsversorgung bestehen, so würde sich daraus keinerlei Argument zugunsten einer Reform in der Bundesrepublik ableiten lassen, wenn in dem fraglichen Land die Zuständigkeitsverteilung insgesamt eine ganz andere ist und namentlich keine bundesweite Sozialversicherungspflicht besteht. Auch insoweit fühlt sich die vorliegende Untersuchung ihrem evolutiven, die grundlegenden Systementscheidungen wahrenden Ansatz verpflichtet.

Da das gegenwärtig alles überragende systemische Spezifikum in der Gesundheitsversorgung die im Vergleich mit anderen Daseinsvorsorgefeldern überaus starke Stellung der Sozialverwaltungsträger (vgl. sogleich), d.h. insbesondere der Gesetzlichen Krankenkassen und der Kassenärztlichen Vereinigungen nebst den von diesen gebildeten Gremien ist, erscheint auch eine Erschließung und u.U. Neukonstruktion mit Hilfe des wissenschaftlich momentan teilweise stark forcierten sog. Regulierungsansatzes zum gegenwärtigen Zeitpunkt[77] nicht weiterfüh-

---

[75] Zu den methodischen Zusammenhängen vgl. zuletzt *Burgi*, in: Grundlagen des Verwaltungsrechts I, § 18 Rdnr. 115 ff.

[76] U.a. durch die grundlegende Untersuchung von *Schmidt-Aßmann*, Grundrechtspositionen und Legitimationsfragen im öffentlichen Gesundheitswesen, angestoßen; vgl. aus jüngerer Zeit *Kingreen*, DV 42 (2009), S. 339 (362 ff.).

[77] Aus rechtspolitischer Perspektive und mit primärem Blick auf den Arzneimittelmarkt aber *Koenig/Schreiber*, GesR 2010, S. 127; skeptisch wie hier *Becker/Schweitzer*, DJT-Gutachten, S. 106 f.

rend. Denn das Regulierungsrecht ist entstanden aus Anlass der Überführung der Netzwirtschaften (v.a. Energie und Telekommunikation)[78] in den Wettbewerb und es wird dort kraftvoll entfaltet. Begrifflich[79] ist vieles im Fluss, die Schaffung eines allgemeinen Regulierungsgesetzes liegt noch in weiter Ferne. Konkret die Entfaltung subjektiver Rechte ist stark entwicklungsfähig,[80] da der Regulierungsansatz doch primär aus der Steuerungsperspektive entwickelt wurde, die die einzelnen Betroffenen eher als Steuerungsobjektive, denn als Träger individueller Rechte wahrnimmt.[81] Die Einbeziehung des Gesundheitssektors, zu der erste langfristig durchaus vielversprechende Arbeiten erschienen sind,[82] würde jene Arbeiten erschweren. Zudem erscheinen die Unterschiede allzu groß: Andere Realbedingungen, der Wettbewerb ist im Gesundheitssektor nur das Instrument, nicht das Primärziel, der Status der Versicherten weicht von dem der Verbraucher ab und im Spielfeld der regulierenden Akteure tummeln sich gleich mehrere Einheiten deutlich anderen Typs als die in den Netzwirtschaften dominierende Bundesnetzagentur. Zu alldem ist „Regulierung" zwar nicht zwingend, aber doch in der Tendenz und insbesondere in der gegenwärtig vorherrschenden Ausgestaltung (wiederum in den Netzwirtschaften) ein zentralistischer Ansatz, während es in dieser Untersuchung gerade um Regionalisierung, und damit auch um Dezentralisierung geht.

II. Kurzprofile der relevanten Kompetenzträger

Kompetenz setzt im Sprachgebrauch der Verfassung die Zuordnung zum staatlichen Bereich, d.h. die Wahrnehmung einer Staatsaufgabe im Sinne des formalen Staatsaufgabenbegriffs, voraus und fragt dann nach der staatsinternen Zuordnung. Wir konzentrieren uns also auf diejenigen Aufgaben, die dem Staat in diesem weiten Sinne (und eben nicht privaten Trägern) zugeordnet sind.

---

78 Statt vieler *Frenzel*, JA 2008, S. 868; *Kühling*, DVBl. 2010, S. 205.
79 *Eifert*, in: Grundlagen I, § 19 Rdnr. 1; *Ruffert*, in: Regulierungsrecht, § 7.
80 Vgl. zu diesem Kritikpunkt bereits *Burgi*, DVBl. 2006, S. 269.
81 Grundlegend kritisch daher, nicht zuletzt aus sozialrechtlicher Perspektive, *Rixen*, DV 42 (2009), S. 309 (333).
82 Zu nennen sind die in einem Handbuch zum Thema „Regulierungsrecht" (verstanden als wissenschaftlicher Ansatz), erschienenen Arbeiten von *Schuler-Harms* (Zur „sozialen Infrastruktur im Gesundheitswesen – der ambulante Sektor", § 15), und *Ansgar Hense* („Soziale Infrastruktur im Gesundheitswesen – der stationäre Sektor", S. 863); ferner *Franzius*, VSSR 2012, S. 49 ff. Selbstverständlich werden einzelne inhaltliche Elemente aus dieser Diskussion nachfolgend aufgegriffen.

1. Bund und Länder

Bund und Länder brauchen nicht näher charakterisiert zu werden: Es handelt sich um die beiden staatlichen Ebenen i.e.s., jeweils um Gebietskörperschaften, die sich durch ihre Allzuständigkeit nach näherer Maßgabe der Kompetenzverteilungsvorschriften des Grundgesetzes auszeichnen. Daran knüpfen die einfachen Gesetze, die die Verwaltungszuständigkeiten verteilen, an. Unzweifelhaft ist die demokratische Legitimiertheit der Entscheidungen und ihre Gemeinwohlorientiertheit. Dafür besteht eine gewisse Orts- und bisweilen auch Sachferne. Das Handeln namentlich der Länder ist charakterisiert durch die Attribute distanziert, übergeordnet, hoheitlich. Im vorliegenden Zusammenhang treten sie bislang im Wesentlichen „nur" in Erscheinung in Gestalt des jeweils zuständigen Ministeriums, das Aufsichts- und vereinzelte Mitwirkungsaufgaben wahrnimmt und für die Krankenhausplanung zuständig ist. Die Landesbehörden in der Fläche (etwa die Regierungspräsidien) treten kaum in Erscheinung.

2. Sozialverwaltungsträger: Gesetzliche Krankenkassen, Kassenärztliche Vereinigungen, Bundes- und Landesausschüsse

Alle zusammen sind Träger der mittelbaren Staatsverwaltung, ausgestattet mit Selbstverwaltungsrechten, vor allem mit eigenen Organen. Infolge der eigenständigen Rechtspersönlichkeit, der ausgebauten Organ- und Organisationsstrukturen sowie durch die Komplexität der Materien entsteht eine Verselbständigung erheblichen Ausmaßes.[83] Allerdings sind die bestehenden Organisationsstrukturen verfassungsrechtlich nicht geschützt, weder explizit (namentlich nicht durch Art. 87 Abs. 2 GG), noch implizit.[84]

In jedem der Sozialverwaltungsträger wird eine bestimmte Teilgruppe über eine Teilfunktion verfasst (daher: funktionale Selbstverwaltung), und zwar über Mitglieder (Patienten bzw. Ärzte), nicht durch das Staatsvolk. Charakteristisch ist der sektorale und eben nicht allgemeine Aufgabenzuschnitt. Die einzelnen Selbstverwaltungsträger bündeln Partikularinteressen (die Kassen etwa das Interesse an der Stabilität und Finanzierbarkeit des Beitrags- und Leistungssystems, die Kassenärztlichen Vereinigungen u.a. das Interesse ihrer Mitglieder an einer „angemessenen" Vergütung). Diese Partikularinteressen können mit dem Interesse der Allgemeinheit an einer gleichmäßigen Versorgung durchaus divergieren. Vielfach werden Entscheidungen mit Wirkung für Außenstehende und für das Ganze getroffen.

---

83 Auch wenn vielleicht inhaltlich oft gar keine großen Spielräume bestehen; dazu *Schnapp*, StWiss 1998, S. 149.
84 Vgl. nur *Fuchs/Preis*, Sozialversicherungsrecht, S. 46.

Deren demokratische Legitimation wird wiederholt in Frage gestellt, sie ist im Grundsatz aber anerkannt, auch verfassungsgerichtlich.[85] Entstanden ist diese sog. soziale Selbstverwaltung als Folge der Grundentscheidung, die staatliche Versorgungsverantwortung (vgl. C I) über den Modus der „Sozialversicherung" mit Beitragszahlern, Kassen und, darin integriert, die Leistungen erbringenden Ärzten und Krankenhäuser auszugestalten. Sie kann als eines der von Politikwissenschaftlern, Ökonomen, aber auch von Öffentlichrechtlern außerhalb des Sozialrechts mit am meisten unterschätzten und unbeforschten Phänomene gelten.

Gesetzliche Krankenkassen[86] wie Kassenärztliche Vereinigungen[87] sind Körperschaften des Öffentlichen Rechts, jeweils mit weit reichenden Zuständigkeiten. Für die Wahrnehmung bestimmter Aufgaben, teilweise sogar rechtsetzenden Charakters werden sie zusammengespannt in Gremien der sog. Gemeinsamen Selbstverwaltung: Den sog. Landesausschüssen nach § 90 SGB V und, ebenso intensiv wie erfolglos kritisiert,[88] dem Gemeinsamen Bundesausschuss nach § 91 SGB V. Er konkretisiert, welche Versorgung der Versicherten ausreichend, zweckmäßig und wirtschaftlich ist, wobei neben den beiden erwähnten Selbstverwaltungsträgern hier auch noch die Deutsche Krankenhausgesellschaft, unparteiische Mitglieder und Patientenvertreter beteiligt sind.[89]

Die Analyse dieses Trägerprofils und das im nachfolgenden Abschnitt in Bezug auf die einzelnen Versorgungsfelder ermittelte Ergebnis, dass bei den Sozialverwaltungsträgern der ganz überwiegende Kompetenzanteil liegt, führt zu der allgemein geteilten Einschätzung, dass man es in diesem Bereich mit einem korporatistischen System zu tun habe; teilweise findet sich auch das Wort von der „Korporatismusfalle".[90]

3. Kommunen

Die Kommunen kennzeichnet ein Gebiets-, und kein funktionaler Ansatz. Daher ist ihnen ein ganzheitlicher Zugriff jedenfalls auf Angelegenheiten örtlichen Charakters möglich.[91] Sie erfassen die gesamte Bürger- und Einwohnerschaft, bieten

---

85 Näher *Axer*, in: HdbStR IV, § 95 Rdnr. 21 m.w.N.
86 Näher in aller Kürze *Axer*, in: HdbStR IV, § 95 Rdnr. 13 f.
87 Zu ihnen nur *Kluth*, MedR 2003, S. 123 ff.
88 Vgl. die Nachweise bei *Welti*, in: FS Bull, S. 908, Fn. 26; ferner *Burgi*, NJW 2004, S. 1365; *Kingreen*, NZS 2007, S. 113, und grundlegend *Butzer/Kaltenborn*, MedR 2001, S. 333.
89 *Welti*, in: FS Bull, S. 908.
90 Diesen Begriff verwenden explizit *Kingreen*, DV 42 (2009), S. 348 f.; *Becker/Schweitzer*, DJT-Gutachten, S. 22 f. m.w.N.; aus gesundheitsökonomischer Sicht vgl. *Gäfgen* (Hrsg.), Neokorporalismus und Gesundheitswesen, 1988.
91 *Burgi*, DVBl. 2007, S. 70 (72).

bestmögliche demokratische Legitimation, und zudem ist dort echte Bürgerbeteiligung organisierbar.[92] Im Rahmen dieser Untersuchung können wir uns auf die Ebene der Stadt- und Landkreise als etwaigenfalls in Frage kommenden Ort künftiger struktureller Kompetenzen konzentrieren.[93]

Bislang sind die Kommunen v.a. präsent als Krankenhausträger (also im stationären Bereich), über Angebote in den Bereichen Rehabilitation und Pflege sowie in Gestalt des Öffentlichen Gesundheitsdienstes (die Gesundheitsämter). Im ambulanten Bereich verfügen sie im Grunde über beinahe keine relevanten Kompetenzen, also dort, wo gerade das Unterversorgungsproblem am Sichtbarsten heranwächst. Mit dem Konzept der „Kommunalen Gesundheitskonferenz" wird in einigen Regionen (vgl. bereits B III 1 am Beispiel des Landkreises Reutlingen) versucht, eine Koordinierungskompetenz aufzubauen. Dies ist teilweise landesrechtlich unterstützt (z. B. § 3 GDÖDG NRW)[94] und kann in Einzelfällen beachtliche Erfolge aufweisen. Gegenwärtig hängt alles an den beteiligten Persönlichkeiten und an deren Bereitschaft zur Zusammenarbeit. Die Gesundheitskonferenzen stoßen aber an Grenzen, sobald sie verbindliche Beschlüsse mit Wirkung über den je einzelnen Beteiligten hinaus treffen wollen; hierauf ist im Teil 3 zurückzukommen.

Freilich muss im Hinblick auf die Kommunen auch nüchtern festgestellt werden, dass größere Kompetenzverschiebungen zu ihren Gunsten angesichts der deutlich komfortableren Ausgangslage des GKV-Systems im Vergleich mit der kommunalen Finanzausstattung nicht realistisch sind, zumal insbesondere die sog. Konnexitätsbestimmungen in den Landesverfassungen, wonach die Übertragung neuer Aufgaben nur gegen Erstattung der hiermit verbundenen finanziellen Aufwendungen möglich ist, eine weitere Grenze ziehen.[95] Auch dies spricht wieder dafür, innerhalb des Systems der Gesetzlichen Krankenversicherung nach Möglichkeiten einer veränderten Kompetenzverteilung zu suchen.

III. Leitidee und Kriterien

Die Leitidee dieser Untersuchung besteht darin, innerhalb des normativen Rahmens der jeweiligen Felder (Prävention, kurative Medizin mit den beiden Sektoren ver-

---

92 Zu den verschiedenen Formen der Bürgerbeteiligung im Kommunalrecht vgl. *Burgi*, Kommunalrecht, § 11 Rdnr. 32 ff. Zur vergleichsweise deutlich schwächer ausgestalteten „Bürger"beteiligung in der sozialen Selbstverwaltung vgl. *Welti*, in: FS Bull, S. 908 f.
93 Zu den verschiedenen kommunalen Ebenen vgl. *Burgi*, Kommunalrecht, § 1 Rdnr. 5, § 5 Rdnr. 2 ff.
94 Zu entsprechenden Aktivitäten in Hessen vgl. *Möller*, SGb 2011, S. 557 (562).
95 Eingehend und mit zahlreichen Nachweisen zur kommunalen Finanzsituation *Burgi*, Kommunalrecht, § 18.

tragsärztliche Versorgung und Krankenhausversorgung, Rehabilitation und Pflege) Spielräume für kommunale und landesbezogene Einwirkungen und Gestaltungen zu eröffnen. Dies zielt auf verbesserte Ergebnisse innerhalb dieser Felder und soll zusätzlich Räume schaffen, in denen die neue Aufgabe einer felderübergreifenden Gesundheitsversorgung in künftig zu schaffenden Strukturen bewältigt werden kann.

Ein wichtiges Kriterium für etwaige Reformvorschläge ist dabei natürlich die Vereinbarkeit mit dem höherrangigen Recht, d.h. mit dem Verfassungsrecht. Dabei gilt es zum einen, die soeben beschriebenen verfassungsrechtlichen Impulse aufzunehmen. Zum anderen muss im Hinblick auf einzelne erarbeitete Reformvorschläge deren Vereinbarkeit mit den Kompetenzverteilungsvorschriften der Art. 70 ff. GG (Verteilung der Gesetzgebungskompetenzen) und 83 ff. GG (Verteilung der Verwaltungskompetenzen) geprüft werden.

Darauf ist die rechtswissenschaftliche Ermittlung bzw. Beurteilung von Reformvorschlägen aber nicht beschränkt. Vielmehr lässt sich ein Kreis von Rationalitätsanforderungen zeichnen,[96] die allgemeine Maßstäbe für eine gute Gesetzgebung im rechtsstaatlichen Rahmen beschreiben. Im Hinblick auf die hier in Frage stehende künftige Organisationsstruktur bei der Wahrnehmung bestimmter Funktionen in der Gesundheitsversorgung, lassen sich diese Anforderungen im Kriterium der sog. Funktionsgerechtigkeit bündeln. Dies zielt darauf, ob die Verwirklichung bestimmter materieller Vorgaben durch eine bestimmte organisatorische Gestaltung (beispielsweise: die Zuweisung bestimmter Kompetenzen an kommunale Träger) besser verwirklicht werden kann. Dabei können und müssen die oben ermittelten Impulse aus der Realanalyse sowie die Erkenntnisse der Nachbarwissenschaften einbezogen werden. Wichtig ist aber auch festzuhalten, dass die Frage nach der richtigen Kompetenzzuordnung kein Selbstzweck ist, sondern dass es zu allererst um die möglichst erfolgreiche und rechtmäßige Aufgabenerfüllung geht.

Nachfolgend müssen die soeben ermittelten Kurzprofile der potenziellen Kompetenzträger den im Einzelnen noch zu entfaltenden Funktionen zugeordnet werden. Die Zuordnung bestimmter Kompetenzen zur kommunalen Ebene bzw. zur Ebene der Länder wird sich dann als funktionsgerecht erweisen, wenn dort den Anforderungen an eine qualitätsvolle, gleichmäßige und wirtschaftliche Gesundheitsversorgung im oben (B II) beschriebenen Sinne besser entsprochen werden kann. Im Idealfall erweist sich eine Kompetenzzuordnung als Rahmen für die Ermöglichung neuer Ideen und kreativer Impulse.[97]

---

96 Damit hat sich etwa die Vereinigung der Staatsrechtslehrer auf ihrer Jahrestagung 2011 befasst (vgl. hier nur *Grzeszick*, VVDStRL 71 [2012], S. 49 [52 f.]); in diese Richtung ferner bereits *Bumke*, Der Staat 49 (2010), S. 77 (80); ferner *Cornils*, DVBl. 2011, S. 1053 (1054).
97 Schön beschrieben bei *Fischer*, in: Pitschas, Versorgungsstrukturen, S. 21 (23).

IV. Aufbau

Der besseren Übersichtlichkeit wegen werden die Ausführungen zu den einzelnen Versorgungsfeldern in Teil 2 jeweils danach differenziert, ob eine Kompetenzverschiebung im Hinblick auf bestehende Strukturelemente in Betracht kommt oder ob ein neues Strukturelement eingeführt werden sollte. Struktur- und Kompetenzfragen, die die fünf untersuchten Aufgabenfelder übergreifen würden, werden in einem gesonderten Teil 3 untersucht. Dort entfernt sich die Untersuchung am weitesten von der gegenwärtig bestehenden Rechtslage. Wenngleich im Mittelpunkt der Untersuchung die Gewährleistungsaufgaben stehen (verstanden als diejenigen Aufgaben, die primär planerischen und/oder finanzierenden Charakters sind), werden teilweise auch Aufgaben der Leistungserbringung einbezogen, weil eine Kommune beispielsweise über die Trägerschaft an einem Krankenhaus oder (künftig) auch im ambulanten Bereich (als Träger eines sog. Medizinischen Versorgungszentrums) durchaus gestalterisch tätig werden kann. Nicht interessant sind aus der hier eingenommenen Perspektive die Aufgaben der bloßen Rechtsaufsicht, die natürlich regelmäßig bei den Landesministerien liegen, wenngleich auch sie teilweise in einem Wandel begriffen sind.[98]

---

98 Dies analysiert *Schmehl*, in: ders./Wallrabenstein, Steuerungsinstrumente, Band 3, S. 1.

Teil 2: Die einzelnen Felder

A. Prävention i.w.S.

Der weite Begriff der Prävention umfasst zunächst alles, was der Vermeidung und Verhütung von Krankheiten gilt und ist dadurch von der kurativen Medizin abzugrenzen, deren Ziel es gerade ist, einen beeinträchtigten Gesundheitszustand wieder zu verbessern.[99] Dabei wird zwischen Maßnahmen der primären, sekundären und tertiären Prävention unterschieden: Die Primärprävention will schon dem Auftreten einer Krankheit vorbeugen, während es bei der Sekundärprävention darum geht, eine Erkrankung möglichst im symptomlosen Frühstadium zu entdecken, um diese erfolgreich therapieren zu können und die Tertiärprävention der Verschlimmerung einer bereits manifestierten Krankheit entgegen zu wirken sucht.[100] Weiterhin lassen sich die Maßnahmen in die hier primär interessierenden medizinischen („expliziten") und eben nicht-medizinischen („impliziten") Präventionsanstrengungen unterteilen, zu denen beispielsweise technische Regeln des Arbeitsschutzes oder Normen des Betäubungsmittelgesetzes oder Jugendschutzes gehören.[101] Aber auch soziale Faktoren wie Bildung, Integration und berufliche Teilhabe spielen mit Blick auf die Gesundheitskompetenz der Menschen eine immer wichtigere Rolle.[102]

Anders als im Bereich der kurativen Medizin wirkt der Kreis der für Präventionsmaßnahmen verantwortlichen Akteure auf den ersten Blick wenig geordnet, tummelt sich doch eine Vielzahl verschiedener öffentlicher wie privater Träger auf diesem Feld der Gesundheitssicherung.

---

99 Vgl. *Rosenbrock*, ZSR 2003, S. 342 (344).
100 Vgl. *Rothgang/Dräther*, ZSR 2003, S. 531 (532).
101 Vgl. *Rosenbrock*, ZSR 2003, S. 342 (345 f.).
102 Vgl. nur *Huber*, Strategiepapier „Gesundheitsförderung und Kommunale Gesundheitspolitik" (http://www.praeventologe.de/images/stories/Aktuelles/kommunale_ges-politik_kurz.pdf).

I. Bestehende Strukturelemente und Kompetenzzuordnung

1. Beschreibung

a) Innerhalb des Regimes der Sozialversicherung

Mit der Aufgabe der Gesundheitsprävention hat der Bundesgesetzgeber zunächst im Dritten und Vierten Abschnitt des Dritten Kapitels des SGB V die Gesetzlichen Krankenkassen betraut. In § 20 Abs. 1 SGB V weist er ihnen, gestützt auf die Gesetzgebungskompetenz für die Sozialversicherung aus Art. 74 Abs. 1 Nr. 12 GG, den (primären) Präventionsauftrag zu, den „allgemeinen Gesundheitszustand (zu) verbessern" sowie bei der „Verminderung sozial bedingter Ungleichheit von Gesundheitschancen" mitzuwirken. Was im Einzelnen darunter zu verstehen ist, beschließt der Spitzenverband Bund der Krankenkassen, seinerseits eine Körperschaft Öffentlichen Rechts (vgl. §§ 217 a ff. SGB V), mithin ein Träger der sozialen Selbstverwaltung. Durch diese Standardisierung wird bundesweit ein vergleichbares und qualifiziertes Angebot der Krankenkassen gewährleistet und zugleich ein den Präventionszielen zuwiderlaufender Wettbewerb um die lukrativsten Versicherten verhindert.[103] Zu den auf § 20 Abs. 1 S. 1 SGB V gestützten Angeboten zählen insbesondere Kurse und Informationsveranstaltungen, die der individuellen Gesundheitsförderung dienen, etwa zu Ernährungsfragen oder der Schlaganfallvorbeugung.[104] Ihre Finanzierung regelt im Übrigen § 20 Abs. 2 SGB V, der einen jährlich anzupassenden Betrag von 2,74 € pro Versichertem vorsieht.

Darüber hinaus verpflichtet § 20 a SGB V die Krankenkassen, sich gemeinsam mit den zuständigen Unfallversicherungsträgern und unter Beteiligung der Arbeitgeber und Arbeitnehmer um die „betriebliche Gesundheitsförderung" zu kümmern.[105]

Ferner sollen sie gem. § 20 c SGB V auch Selbsthilfegruppen- und organisationen „fördern", sind aber auch hier den Beschlüssen des Spitzenverbandes Bund unterworfen, der die Voraussetzungen festlegt. Für derartige Fördermaßnahmen sieht § 20 c Abs. 3 S. 1 SGB V einen jährlich anzupassenden Betrag von 0,55 € pro Versichertem vor. Gegenwärtig berät der Deutsche Bundestag über einen Entwurf der Bundesregierung für ein Präventionsgesetz (BT-Drucks. 17/13080).

Zudem umfasst der Präventionsauftrag der Gesetzlichen Krankenversicherung gem. § 20 d SGB V Schutzimpfungen der Versicherten, wobei Näheres durch Richtlinien des Gemeinsamen Bundesausschusses bestimmt wird, sowie gem. § 21 SGB V in Zusammenarbeit mit den Zahnärzten und den Bundesländern gruppen-

---

103 Vgl. *Bieback*, ZSR 2003, S. 403 (418).
104 Vgl. *Schmidt am Busch*, Gesundheitssicherung S. 30, mit weiteren Beispielen.
105 Ausführlich hierzu *Mühlenbruch*, ZSR 2005, S. 87.

bezogene „Maßnahmen zur Erkennung und Verhütung von Zahnerkrankungen" bei Kindern (Stichwort: „Schulzahnarzt") und gem. § 22 SGB V halbjährliche zahnärztliche Kontrolluntersuchungen. Des Weiteren werden auch medizinische Vorsorgeleistungen (§§ 23, 24 SGB V) und ärztliche Untersuchungen zur Früherkennung für Kinder (Stichwort: „U1 – U9") und Erwachsene (§§ 25, 26 SGB V), die wiederum durch Richtlinien des Gemeinsamen Bundesausschusses konkretisiert werden, übernommen. Um eine breite Inanspruchnahme der Früherkennungsuntersuchungen für Kinder und Jugendliche zu erreichen, sollen die Krankenkassen gem. § 26 Abs. 3 SGB V mit den Bundesländern zusammenwirken, wozu deren Landesverbände mit den Ländern gemeinsame Rahmenvereinbarungen schließen.

Soweit nicht präventive Aspekte der ärztlichen Behandlung (inkl. Maßnahmen der Früherkennung) betroffen sind, für die die Kassenärztlichen Vereinigungen gem. § 75 Abs. 1 S. 1 i.V.m. § 73 Abs. 2 SGB V den Sicherstellungsauftrag inne haben (also v.a. Maßnahmen der sekundären und tertiären Prävention), obliegt es den Krankenkassen, für entsprechende (insbesondere primäre) Präventionsleistungen zu sorgen.[106] Subsidiär können sie dazu gem. § 140 Abs. 2 S. 1 SGB V auch Eigeneinrichtungen errichten, wenn sie ihre Aufgaben auf andere Weise nicht sicherstellen können. Freilich entfällt der weit überwiegende Teil der Präventionsausgaben der Krankenkassen in der Praxis auf den medizinischen, und somit auf den der Sicherstellungsverantwortung der Kassenärztlichen Vereinigungen unterfallenden Bereich.[107]

Nur der Vollständigkeit halber sei darauf hingewiesen, dass neben der Gesetzlichen Krankenversicherung auch die Gesetzliche Unfallversicherung dazu berufen ist, präventiv zu handeln.[108] Ihre Aufgabe ist es gem. § 1 Nr. 1 SGB VII, „Arbeitsunfälle und Berufskrankheiten sowie arbeitsbedingte Gesundheitsgefahren zu verhüten". Die bereits im SGB V für die Krankenkassen verankerte Kooperation mit den Unfallversicherungsträgern findet sich spiegelbildlich auch in § 14 Abs. 2 SGB VII. Zudem arbeiten die Unfallversicherungsträger mit den Arbeitsschutzbehörden sowie den Betriebsräten zusammen (§ 20 SGB VII). Um ihren Präventionsauftrag zu erfüllen, können sie gem. § 15 SGB VII Unfallverhütungsvorschriften erlassen, die allerdings nach Abs. 4 der Genehmigung des Bundesarbeitsministeriums bzw. des zuständigen Landesministeriums bedürfen. Für die Umsetzung der Präventionsmaßnahmen ist gem. § 21 Abs. 1 SGB VII der jeweilige Unternehmer verantwortlich.

Auch die Gesetzliche Rentenversicherung kennt in § 31 Abs. 1 S. 1 Nr. 2 SGB VI präventive Maßnahmen in der Form „medizinische(r) Leistungen zur Si-

---

106 Vgl. *Bieback*, ZSR 2003, S. 403 (419f.).
107 *Bieback*, ZSR 2003, S. 403 (420). Deshalb spricht *Rosenbrock*, ZSR 2003, S. 342 (350), auch von der „Prädominanz" bzw. „Hegemonie" der Medizin in der Gesundheitssicherung, die „nicht immer produktiv" sei.
108 Ausführlich dazu *Becker*, BPUVZ 2012, 82.

cherung der Erwerbsfähigkeit", wenn „eine besonders gesundheitsgefährdende (...) Beschäftigung" ausgeübt wird. Ähnliches gilt für die Gesetzliche Pflegeversicherung, auch wenn diese selbst keine Präventionsmaßnahmen veranlasst, sondern stattdessen auf die anderen Sozialversicherungszweige einwirkt, um „alle geeigneten Leistungen der Prävention" einzuleiten und damit „den Eintritt von Pflegebedürftigkeit zu vermeiden"(§ 5 Abs. 1 SGB XI).

b) Außerhalb des Regimes der Sozialversicherung

Hier sind insbesondere die Bundesländer mit ihren Gesundheitsdienstgesetzen[109] und den darin konstituierten Gesundheitsbehörden zu nennen. Auch diese sind mit Präventionsaufgaben betraut und sollen sich etwa um den „Schutz und die Förderung der Gesundheit der Bevölkerung", die „Verhütung und Bekämpfung von Krankheiten" sowie „die Aufklärung der Bevölkerung" in Gesundheitsfragen kümmern (vgl. z.B. § 1 Abs. 2 Nr. 2 u. 5 ÖGDG NRW) oder „die Bevölkerung bei der Erhaltung und Förderung der Gesundheit" unterstützen, über „Gesundheitsförderung und Prävention" aufklären und dazu „gesundheitsfördernde, präventive, umwelt- und sozialmedizinische Maßnahmen" anregen (vgl. z.B. Art. 9 BayGDVG). In Erscheinung treten für den Bürger dabei vor allem die Kreise und kreisfreien Städte als Träger der unteren Gesundheitsbehörden, den sog. „Gesundheitsämtern" (so wörtlich § 2 Abs. 1 Nr. 3 ÖGDG BW). Während diese deutschlandweit jedenfalls einen informierenden und beratenden gesundheitserzieherischen Auftrag haben[110] und – gleichsam komplementär zu den Regelungen in der Gesetzlichen Krankenversicherung (s.o.) – an der Gesundheitspflege im Kinder- und Jugendbereich mitwirken[111], unterscheiden sie sich allerdings in Bezug auf den koordinativen Charakter ihrer Tätigkeit. Zwar erkennen die landesgesetzlichen Vorschriften allesamt, dass es neben den Gesundheitsbehörden noch weitere Akteure im Bereich der Prävention und Gesundheitsförderung gibt[112], leiten daraus aber unterschiedliche Schlüsse ab. So erfüllen die bayerischen Gesundheitsbehörden ihre präventiven Aufgaben zwar „zusammen mit anderen (...) öffentlichen und privaten Stellen" (Art. 9 S. 1 BayGDVG), was zumindest eine gewisse Abstimmung untereinander nahelegt, eine darüber hinausgehende Koordinierungsfunktion kommt ihnen

---

109 Z.B. ÖGDG BW vom 12.12.1994 (GBl. 1994, S. 663), zuletzt geändert durch VO vom 25.1.2012 (GBl. 2012, S. 65); ÖGDG NRW vom 25.11.1997 (GVBl. 1997, S. 430), zuletzt geändert durch G. vom 14.2.2012 (GVBl. 2012, S. 97); oder BayGDVG vom 24.7.2003 (GVBl. 2003, S. 452), zuletzt geändert durch G. vom 25.5.2011 (GVBl. 2011, S. 234).
110 Vgl. nur Art. 13 Abs. 1 BayGDVG; § 7 Abs. 1 ÖGDG BW; §§ 7 Abs. 1, 9 Abs. 1, 14 ÖGDG NRW.
111 Vgl. nur Art. 14 BayGDVG; § 8 ÖGDG BW; §§ 12, 13 ÖGDG NRW.
112 Vgl. etwa Art. 9 S. 1 BayGDVG, § 7 Abs. 3 S. 1 ÖGDG BW.

anders als in anderen Bundesländern nicht zu. In § 7 Abs. 3 S. 2 ÖGDG BW heißt es dagegen, dass die Gesundheitsämter die „Angebote und Maßnahmen" der anderen Akteure „koordinieren" und „auf enge Zusammenarbeit" hinwirken, ohne dass die Art und Weise dieser Koordination jedoch näher geregelt wird.[113] Dies hat wiederum das Land Nordrhein-Westfalen getan, das in § 24 ÖGDG NRW eine „Kommunale Gesundheitskonferenz" institutionalisiert hat, bei der sich alle Akteure der „Gesundheitsförderung und Gesundheitsversorgung" gemeinsam über „Fragen der gesundheitlichen Versorgung auf örtlicher Ebene" beraten und abstimmen sollen und ggf. sogar – freilich rechtlich nicht bindende – Empfehlungen aussprechen. Die Geschäftsführung dieser vom Rat einzuberufenden Konferenz obliegt gem. § 23 ÖGDG NRW den Gesundheitsämtern. In ähnliche Richtungen gehen etwa auch die Gesundheitsdienstgesetze in Berlin (§ 3 Abs. 5 GDG Berlin), Hamburg (§ 6 Abs. 3 HmbGDG) und Rheinland-Pfalz (§ 5 Abs. 2 ÖGDG Rhl.-Pfl.). In Niedersachsen wird eine vergleichbare Vernetzung derzeit im auf drei Jahre angelegten Modellprojekt „Zukunftsregionen Gesundheit" erprobt.[114] Die auf diesen Gesundheitskonferenzen angestrebte Verständigung soll natürlich insbesondere zu Qualitätsverbesserungen und Effizienzsteigerungen vor Ort führen.[115]

Allein schon die Notwendigkeit einer solchen Koordination veranschaulicht aber auch noch einmal die Vielzahl der im Bereich Prävention und Gesundheitsförderung beteiligten Akteure. Neben den bereits genannten öffentlichen Stellen sind dies ferner die Vertreter der Ärzte- und Apothekerschaft, zahlreiche Selbsthilfegruppen, Gesundheits- und Sozialverbände, die (Kommunal-)Politik, aber auch Kindergärten und Schulen (vgl. etwa den Bildungs- und Erziehungsauftrag in § 2 Abs. 5 Nr. 8 SchulG NRW, „sich gesund zu ernähren und gesund zu leben") und sonstige präventiv tätige Anbieter.[116] Zudem werden viele Gemeinden im Rahmen ihrer (allgemeinen) kommunalen Selbstverwaltungsbefugnisse tätig und betreiben über (freiwillige) Sport-, Freizeit- und Bildungsangebote Gesundheitsförderung im weitesten Sinne.[117]

Wiederum nur der Vollständigkeit halber sei darauf hingewiesen, dass eine ergänzende Zuständigkeit der Europäischen Union gem. Art. 168 AEUV für Fördermaßnahmen „zum Schutz und zur Verbesserung der menschlichen Gesundheit" besteht. Damit ist auch für die EU eine Unterstützungs- und Koordinierungsfunktion gegeben,[118] die etwa die Schaffung von Netzwerken und (finanzielle) Förder-

---

113 Vergleichbare Regelungen finden sich etwa auch in Schleswig-Holstein (§ 2 Abs. 1 GDG SH) und im Saarland (§ 7 Abs. 2 ÖGDG SL).
114 http://www.ms.niedersachsen.de/themen/gesundheit/zukunftsregionen_gesundheit/97983.html.
115 Vgl. *Schmidt am Busch*, Gesundheitssicherung, S. 46 ff.
116 So auch *Schmidt am Busch*, Gesundheitssicherung, S. 47.
117 Vgl. *Vorholz*, in: Henneke, Verantwortung, S. 101.
118 Vgl. *Kingreen*, in: Callies/Ruffert, EUV/AEUV, Art. 168 Rdnr. 4.

programme umfasst[119]. Und auch der Bund mischt beim Thema Prävention mit der von ihm gegründeten Bundeszentrale für gesundheitliche Aufklärung, einer Fachbehörde des Bundesgesundheitsministeriums, sowie der Förderung der Bundesvereinigung Prävention und Gesundheitsförderung als nationalem „Runden Tisch" mit.[120]

Zum Schluss darf der Hinweis nicht fehlen, dass es zuvörderst im Interesse jedes Einzelnen liegen sollte, sich um seine Gesundheit und eine diese befördernde Lebensweise zu kümmern.[121]

2. Beurteilung

Die Analyse des status quo in der Prävention und Gesundheitsförderung hat gezeigt, dass es sich um ein „völlig offenes Feld"[122] handelt, auf dem sich unzählige Akteure von den Sozialverwaltungsträgern, über die Länder und Kommunen bis hin zu privaten Initiativen tummeln. Man kann daher von einer Zersplitterung der Aufgabenzuordnung sprechen, die es den Betroffenen nicht immer leicht macht, die konkreten Verantwortlichkeiten zu erkennen.

Positiv unter dem Aspekt der Regionalisierung ist hierbei aber die starke Position der Städte und Gemeinden zu bewerten, die als Träger zahlreicher (freiwilliger) Präventionsangebote *und* in ihrer Funktion als untere Gesundheitsbehörden in Erscheinung treten. Insbesondere in den Bundesländern, die wie NRW bereits heute auf eine spürbare Koordination und Vernetzung auf gemeindlicher Ebene setzen, spielen sie eine maßgebliche Rolle für die Gesundheitssicherung der Bevölkerung. Allerdings muss an dieser Stelle auch erwähnt werden, dass viele Kommunen aufgrund ihrer finanziellen Situation in der jüngeren Vergangenheit massive Einsparungen – insbesondere bei den sog. freiwilligen Leistungen – vornehmen mussten und weiterhin müssen, so dass deren Angebote massiv zurückgefahren werden mussten.[123]

Die Zersplitterung im Bereich der Präventionsleistungsträger kann allerdings mangels ökonomischer Anreize auch negative Auswirkungen auf die Effizienz haben.[124] Die Erträge erfolgreicher Präventionsarbeit kommen nämlich oft den Kostenträgern der Maßnahme gar nicht oder nur teilweise zugute – und das sowohl in

---

119 Vgl. *Schmidt am Busch*, Gesundheitssicherung, S. 19.
120 Vgl. noch zur später umbenannten „Bundesvereinigung für Gesundheit" *Schmidt am Busch*, Gesundheitssicherung, S. 34 f.
121 So auch *Vorholz*, in: Henneke, Verantwortung, S. 101.
122 *Bieback*, ZSR 2003, S. 403 (423).
123 So bereits *Dahme/Wohlfahrt*, ZSR 1997, S. 778 (792).
124 Oder um es mit den Worten von *Igl*, ZSR 2003, S. 340 (340), zu sagen: „Das macht sie gleichzeitig anfällig dafür, dass sich die Einzelverantwortlichen auf die anderen Verantwortlichen verlassen.".

horizontaler wie in vertikaler Richtung: So profitieren oft andere Sozialversicherungszweige von Leistungen eines bestimmten Trägers, weil dadurch der Eintritt des Versicherungsfalls bei einem anderen Träger verhindert werden kann (z.b. begünstigen Präventionsmaßnahmen der Gesetzlichen Krankenversicherung auch die Gesetzliche Pflegeversicherung).[125]

Kritisch wird aus Sicht einer verstärkten Regionalisierung die Rolle des Gemeinsamen Bundesausschusses sowie des Spitzenverbandes Bund der Gesetzlichen Krankenversicherung gesehen, die bundesweit einheitliche Standards in der Gesundheitsprävention festlegen.[126]

II. Reformvorschläge

1. Veränderte Kompetenzzuordnung für bestehende Strukturelemente

Zunächst lässt sich hier an die Überlegungen des GKV-Versorgungsstrukturgesetzes anknüpfen, das den Ländern in § 92 Abs. 7 e SGB V bei der Bedarfsplanung ein Mitberatungsrecht über die Richtlinien des Gemeinsamen Bundesausschusses eingeräumt hat (vgl. dazu ausführlich noch B I 2 c). Da auch im Rahmen der Prävention und Gesundheitsförderung maßgebliche Entscheidungen durch GBA-Richtlinien getroffen werden, namentlich hinsichtlich der Schutzimpfungen (§ 20 d SGB V) und der ärztlichen Früherkennungsuntersuchungen für Kinder und Erwachsene (§§ 25, 26 SGB V), erscheint es funktionsgerecht, die Länder (sowie die Kommunen, gebündelt über die kommunalen Spitzenverbände) hier ebenfalls mit einzubeziehen.

In gleicher Weise sollte verfahren werden beim Spitzenverband Bund der Gesetzlichen Krankenversicherung, der insbesondere für die Maßnahmen der Primärprävention (§ 20 SGB V) und der Förderung von Selbsthilfegruppen (§ 20 c SGB V) zuständig ist. In den jeweiligen Regelungen wird dem GKV-Spitzenverband die „Einbeziehung unabhängigen Sachverstandes" bzw. die Beteiligung von „Vertretungen der Selbsthilfe" aufgegeben. Dies zeigt, dass eine externe Expertise auch hier keinesfalls systemfremd wäre. Gerade wegen der unmittelbaren Auswirkungen der genannten Maßnahmen auf der kommunalen Ebene, erscheint es daher sachgerecht, die Vorschriften in der Hinsicht zu erweitern, dass man auch hier zwei von der Gesundheitsministerkonferenz der Länder zu bestimmende Vertreter hinzuzieht (vgl. § 92 Abs. 7 e SGB V) und darüber hinaus die kommunalen Spitzenverbände beteiligt.

---

125 Vgl. *Rothgang/Dräther*, ZSR 2003, S. 531 (540 ff.).
126 Vgl. *Schmidt am Busch*, Gesundheitssicherung, S. 60.

Die größten Regionalisierungseffekte könnten angesichts der bestehenden Ausgangslage sicherlich durch verstärkte Kooperationen der einzelnen Akteure, deren Bedeutung immer wieder betont wird, erzielt werden.[127] Hier bilden die teilweise bestehenden kommunalen Gesundheitskonferenzen ein wichtiges Forum um die vielfältigen Maßnahmen auf dem Gebiet der Prävention zu koordinieren. Sie sollten als Präventionskonferenzen in allen Bundesländern vorgegeben werden, und zwar mit Teilnahmepflicht aller Strukturverantwortlichen (zu weiterreichenden Konferenzansätzen vgl. Teil 3 A I). Dabei sollten auch die größeren privaten Präventionsanbieter einbezogen werden.

2. Etwaige neue Strukturelemente

Die mitunter zu findende Forderung einer verstärkten Trägerkonzentration im Bereich der Prävention, um Effizienzverluste aufgrund des Auseinanderfallens von Kostenträgerschaft und Ertrag zu vermeiden[128], mag ökonomisch sinnvoll sein. Sicherlich ist zu überlegen, wie man zusätzliche Anreize für Präventionsmaßnahmen schaffen kann. Einen Bezug zum Thema der Regionalisierung hätte dies aber nur dann, wenn man die Konzentration auf der Ebene der Kreise und Gemeinden vornehmen würde. Dies erscheint aber unter Berücksichtigung der gegenwärtigen kommunalen Aufgabenlast sowie der oft kritischen Haushaltssituation nicht erstrebenswert. Hier könnte der Ansatz regionaler Präventionsbudgets, der dem Gedanken der Prävention als gesellschaftlicher Querschnittsaufgabe Rechnung trägt, weiterhelfen, der den einzelnen (ggf. nicht unmittelbar von der eigenen Leistung profitierenden) Akteur von der konkreten Finanzierungsverantwortung befreit.[129] Besonders wichtig ist dabei die ausdrückliche Verpflichtung der Akteure der sozialen Selbstverwaltung, an der Kooperation und Koordination aktiv und konstruktiv mitzuwirken. Durch diese von den ja auf der kommunalen Ebene angesiedelten Gesundheitsämtern koordinierten Treffen und Beschlüsse würden Gelegenheiten für die Nutzung der im Bereich der Präventation zahlreich bestehenden Spielräume eröffnet.

---

127 Vgl. nur den Beschluss der 84. GMK vom 30.6.2011 zu TOP 10.2 ('Gesundheitsförderung und Prävention'), wonach der Erfolg „maßgeblich davon abhängig ist, in welchem Umfang auf den Ebenen Bund, Länder, Kommunen und Sozialversicherungsträger abgestimmt und an gemeinsamen Präventionszielen orientiert gehandelt wird".
128 *Bieback*, ZSR 2003, S. 403 (427), fordert insoweit einen speziell beauftragten Akteur, der „an der Umsetzung der Präventionsmaßnahmen ein eigenes Interesse" haben muss.
129 Vgl. hierzu *Bieback*, ZSR 2003, S. 403 (438).

B. Kurative Medizin

I. Vertragsärztliche Versorgung

1. Bestehende Strukturelemente und Kompetenzordnung

Den normativen Ausgangspunkt der gegenwärtigen Versorgungsstrukturen in der vertragsärztlichen Versorgung (in dem die weit überwiegende Zahl der ambulanten Versorgungsvorgänge stattfindet; vgl. aber noch II vor 1) bildet § 72 Abs. 1 SGB V. Danach ist die „Sicherstellung der vertragsärztlichen Versorgung" den Krankenkassen und den Kassenärztlichen Vereinigungen anvertraut. Der eigentliche Sicherstellungsauftrag obliegt den Kassenärztlichen Vereinigungen, während die Kassen selbst grundsätzlich nicht die Versorgung ihrer Versicherten sicherstellen oder zu einzelnen Ärzten in Rechtsbeziehung treten können (wegen des Sachleistungsprinzip nach § 2 Abs. 2 SGB V). Die Kassenärztlichen Vereinigungen haben dadurch ein sog. Sicherstellungsmonopol. Sie erfüllen ihn durch die zugelassenen Vertragsärzte. Neben dem Sicherstellungs- ist den Kassenärztlichen Vereinigungen auch ein Gewährleistungsauftrag dahingehend übertragen, dass sie nach Abs. 2 Satz 2 des § 75 Abs. 1 SGB V die Erfüllung der den Vertragsärzten obliegenden Pflichten „zu überwachen" haben. Dazu gehört auch die Pflicht zur Prüfung der ordnungsgemäßen Leistungsabrechnung. Diese Gestaltung unterscheidet sich interessanterweise von der Situation im Pflegesektor, wo die Pflegekassen alleinverantwortlich sind.[130]

Um ihre Aufträge erfüllen zu können, erstellen die Krankenkassen und die Kassenärztlichen Vereinigungen Bedarfspläne nach § 99 SGB V. Federführend hierbei sind die Kassenärztlichen Vereinigungen, während „die Landesverbände der Krankenkassen und die Ersatzkassen" ihr „Einvernehmen" zu erteilen haben. Beide haben sich hierbei an den „vom Gemeinsamen Bundesausschuss erlassenen Richtlinien" zu orientieren (vgl. § 99 Abs. 1 Satz 1 SGB V). In den §§ 100 ff. SGB V werden den Akteuren der Sozialverwaltung verschiedene Mechanismen zur Feststellung von Über- oder Unterversorgung, zur Beseitigung von Unterversorgung oder zur Eindämmung von Überversorgung eingeräumt. Als eine Art „letzte Instanz" fungieren die „Landesausschüsse der Ärzte und Krankenkassen", mithin ein weiterer Sozialverwaltungsträger. Jeder der Beteiligten kann den Landesausschuss anrufen, wenn das Einvernehmen gemäß § 99 Abs. 1 Satz 1 SGB V nicht zustande kommt (vgl. § 99 Abs. 2 Satz 1 SGB V). Die Bedarfspläne wiederum bilden die Grundlage für die Zulassungsentscheidungen gegenüber den einzelnen Aspiranten für eine vertragsärztliche Tätigkeit (vgl. § 96 Abs. 1 SGB V). Der sodann maßgeb-

---

130 Vgl. an dieser Stelle nur *Fuchs/Preis*, Sozialversicherungsrecht, S. 464.

liche Rahmen für den Umfang der Leistungsansprüche der Versicherten und der Vergütungsansprüche der Vertragsärzte wird durch ein komplexes System von sog. Kollektiv-, d.h. für alle Einzelfälle gleichermaßen geltenden Verträgen bestimmt.[131]

Die Länder waren vor Inkrafttreten des GKV-VStG weitgehend auf Aufsichtsfunktionen reduziert (vgl. noch sogleich), die Kommunen kamen als Akteure im Vertragsarztregime des SGB V bis zum Inkrafttreten jenes Gesetzes überhaupt nicht vor.

Durch das GKV-VStG haben sich im Hinblick auf die hiermit angesprochenen Strukturelemente die folgenden Veränderungen ergeben:

a) Beschreibung

aa) Bedarfsplanung

Erste Veränderungen sind am Strukturelement der Bedarfsplanung nach § 99 SGB V erfolgt. Sie bestehen in Folgendem:
(1) Nach dem neu gefassten Satz 4 des § 99 Abs. 1 SGB V ist den zuständigen Landesbehörden während des Verfahrens zur Planaufstellung „Gelegenheit zur Stellungnahme" zu geben. Diese Stellungnahme soll sich (nur) beziehen auf die „Erfordernisse der Raumordnung und Landesplanung sowie der Krankenhausplanung nach Satz 2 des § 99 Abs. 1". Als „planende Einheiten" können die Länder also nach wie vor nicht angesehen werden.[132] Der sodann aufgestellte oder angepasste Bedarfsplan ist der zuständigen obersten Landesbehörde vorzulegen (nach Satz 5), die ihn innerhalb von 2 Monaten „beanstanden" kann (Satz 6). Des Weiteren ist in Abs. 2 des § 99 ein Satz 2 angefügt worden, welcher lautet: „Dies gilt auch für den Fall, dass kein Einvernehmen darüber besteht, wie einer Beanstandung des Bedarfsplans (seitens des Landes) abzuhelfen ist". Der nach § 99 Abs. 2 Satz 1 SGB V in Streitfällen zwischen den beteiligten Sozialverwaltungsträgern anzurufende Landesausschuss der Ärzte und Krankenkassen entscheidet nunmehr somit auch über Beanstandungen des Landes, was wiederum bemerkenswert ist. Die Schlüsselrolle der Landesausschüsse nach § 99 Abs. 2 und 3 SGB V (vgl. zu ihnen noch sogleich) ist mithin unverändert geblieben.[133] In der Sache ist das Be-

---

131 Zu den Einzelheiten vgl. *Kingreen*, DV 42 (2009), S. 339 (350 f.); *Quaas/Zuck*, Medizinrecht, § 17; *Schuler-Harms*, in: Fehling/Ruffert, Regulierungsrecht, § 15; *Becker/Schweitzer*, DJT-Gutachten, S. 94 ff.
132 Formulierung nach *Ebsen*, G+S 2011, S. 46.
133 Näher geschildert bei *Kaltenborn/Völger*, GesR 2012, S. 129 (133 f.); *Möller*, SGb 2011, S. 557 (561).

anstandungsrecht ein Element der Rechtsaufsicht,[134] obgleich die Länder nach § 78 SGB V die Rechtsaufsicht im Übrigen nur über die Kassenärztlichen Vereinigungen ausüben (und nicht grundsätzlich auch über die Krankenkassen und deren Verbände).
(2) Eine weitere regionalbezogene strukturelle Veränderung betrifft den inhaltlichen Gestaltungsspielraum bei der Bedarfsplanung. Konnte bislang von den Richtlinien des Gemeinsamen Bundesausschusses nicht abgewichen werden, so ist nunmehr durch § 99 Abs. 1 Sätze 3 und 4 SGB V die Möglichkeit eröffnet „von den Richtlinien ... (abzuweichen), soweit es zur Berücksichtigung regionaler Besonderheiten, insbesondere der Regionaldemografie und Morbidität, für eine bedarfsgerechte Versorgung erforderlich ist". Dabei ist den zuständigen Landesbehörden „die Gelegenheit zur Stellungnahme zu geben". Wie an dieser Formulierung deutlich wird, handelt es sich hier um eine „spezielle Ausnahmeregelung ..., die entsprechend eng anzuwenden und spiegelbildlich mit der erforderlichen Tiefenschärfe zu begründen ist"[135].

bb) Landesausschüsse

Wie bereits erwähnt, ist die starke Stellung der Landesausschüsse im Verfahren der Bedarfsplanaufstellung nach § 99 Abs. 2 und 3 SGB V im Grundsatz unverändert geblieben.
(1) Ihre Zusammensetzung regelt § 90 Abs. 2 SGB V. Danach sind weder kommunale Vertreter noch Vertreter des Landes Mitglieder bzw. Teilnehmer von Sitzungen der Landesausschüsse. Dahingehende weitergehende Forderungen konnten sich somit nicht durchsetzen.[136] Die Länder verbleiben hier weitgehend in einer rezeptorischen und höchst problematisch verschachtelten, primär über die Rechtsaufsicht charakterisierten Rolle. Gemäß § 90 Abs. 4 Satz 2 SGB V dürfen seit Inkrafttreten des GKV-VStG immerhin „die für die Sozialversicherung zuständigen obersten Landesbehörden beratend" mitwirken. Dieses Recht umfasst nun auch das „Recht zur Anwesenheit bei der Beschlussfassung" (Satz 3).
(2) Rechtsgrundlage der Aufsicht über die Landesausschüsse ist § 90 Abs. 5 Satz 1 SGB V, wonach die für die Sozialversicherung zuständigen obersten Verwaltungsbehörden der Länder die Aufsicht führen (die, wie soeben erwähnt, gemäß Abs. 4 Satz 2 gleichzeitig beratend bei den Sitzungen mitwirken können!). Konkret die Entscheidungen im Zusammenhang mit der Aufstellung von Bedarfsplänen

---

134 Ebenso *Möller*, SGb 2011, S. 557 (561).
135 *Möller*, SGb 2011, S. 563.
136 Vgl. etwa *Stollmann*, in: Pitschas, Versorgungsstrukturen, S. 61; *Bredehorst*, ZGMR 2011, S. 206.

nach § 99 Abs. 2 SGB V sind „den für die Sozialversicherung zuständigen obersten Landesbehörden vorzulegen", die die entsprechenden Entscheidungen „innerhalb von zwei Monaten beanstanden" können (nach § 90 Abs. 6 Sätze 1 und 2 SGB V).

Wie *Ebsen* zutreffend festgestellt hat, sind aber gerade die mit der Rechtsaufsicht verbundenen Einflussmöglichkeiten angesichts der detaillierten bundesweiten Vorgaben über die Richtlinien des Gemeinsamen Bundesausschusses „eher gering"[137].

cc) Rolle des Gemeinsamen Bundesausschusses

Wie bereits deutlich geworden ist, spielt der Gemeinsame Bundesausschuss (GBA) eine zentrale Rolle, weil er für zahlreiche Entscheidungen im Gesundheitswesen, darunter auch Entscheidungen im Zusammenhang mit den Strukturen in der ambulanten Gesundheitsversorgung, zuständig ist. Gemäß § 91 Abs. 1 Satz 1 SGB V wird er gebildet durch die Kassenärztlichen Bundesvereinigungen, die Deutsche Krankenhausgesellschaft und den Spitzenverband Bund der Krankenkassen. Er ist rechtsfähig und wird durch einen Vorsitzenden gerichtlich und außergerichtlich vertreten. Die Aufsicht über ihn führt das Bundesministerium für Gesundheit, d.h. die Länder können insoweit nicht über die Ausübung von Aufsicht mitwirken. Sie sind aber auch nicht selbst Mitglieder des Beschlussgremiums nach § 91 Abs. 2 SGB V, denn dieses besteht neben einem „unparteiischen Vorsitzenden" und zwei weiteren unparteiischen Mitgliedern aus einem Mitglied von der Kassenzahnärztlichen Bundesvereinigung, jeweils zwei Mitgliedern von der Kassenärztlichen Bundesvereinigung und der Deutschen Krankenhausgesellschaft und fünf von dem Spitzenverband Bund der Krankenkassen benannten Mitgliedern.

Wie bereits erwähnt, gehört zu seinem Aufgabenkreis der Beschluss von „Richtlinien über die ... Bedarfsplanung" (vgl. § 92 Abs. 1 Satz 2 Nr. 9 SGB V). Bei der Entscheidung hierüber erhalten seit Inkrafttreten des GKV-VStG gemäß § 92 Abs. 7 e SGB V die Länder ein „Mitberatungsrecht", das durch „zwei Vertreter der Länder ausgeübt (wird), die von der Gesundheitsministerkonferenz der Länder benannt werden". Gemäß § 92 Abs. 7 e Satz 3 SGB V umfasst die Mitberatung „auch das Recht, Beratungsgegenstände auf die Tagesordnung setzen zu lassen und das Recht zur Anwesenheit bei der Beschlussfassung". Der GBA hat zuletzt am 20.12.2012 eine Neufassung der Bedarfsplanungs-Richtlinie auf dem materiell-rechtlichen Stand des GKV-VStG beschlossen.

---

137 G+S 2011, S. 47.

Wie zutreffend konstatiert wird,[138] verbindet sich hiermit keine „echte Einwirkung auf Entscheidungsprozesse", obgleich die Umsetzung der Richtlinien (über die Bedarfsplanung und die darauf aufbauenden Entscheidungen) in den Ländern bzw. in Gremien auf Landesebene erfolgt.[139] Die Kommunen werden durch die Bestimmungen über den GBA überhaupt nicht adressiert.

dd) Initiativrecht mit Befassungspflicht und Recht zur Stellungnahme mit Benehmensregelung bei Selektivverträgen

Jenseits weitgehend über Kollektivvereinbarungen zwischen den Gesetzlichen Krankenkassen und den vertragsärztlichen Organisationen festgelegten Inhalten der vertragsärztlichen Versorgung sind in den vergangenen Jahren die Spielräume zum Abschluss von Selektivverträgen erweitert worden. Hierbei handelt es sich um Verträge, die die Gesetzlichen Krankenkassen mit einzelnen Ärzten oder Gruppen von Ärzten abschließen können, wodurch der Sicherstellungsauftrag auf die Krankenkassen übergeht. Durch diese Verträge werden nicht die Leistungsansprüche der Versicherten reduziert, und es darf selbstverständlich auch nicht von den allgemein bestimmten Qualitätsstandards nach unten abgewichen werden. Möglich sind aber abweichende Vergütungsvereinbarungen, durch die Anreize zur Entstehung neuer Strukturen, insbesondere auch im Bereich der hausärztlichen Versorgung, gesetzt werden können.[140] Die wichtigsten Beispiele betreffen die hausarztzentrierte Versorgung nach § 73 b und die „integrierte Versorgung" nach §§ 140 a f. SGB V, ferner die „besondere ambulante ärztliche Versorgung" nach § 73 c SGB V. Es ist durchaus damit zu rechnen, dass das Instrument des Selektivvertrages in den kommenden Jahren auf weitere Bereiche ausgedehnt wird und neue, zusätzliche Inhalte hiermit erfasst werden können. Daher ist es notwendig, sich im Hinblick auf eine stärkere Regionalisierung mit ihm zu befassen, obwohl es sich per se nicht um ein Regionalisierungsinstrument handelt.

Seit Inkrafttreten des GKV-VStG stellen sich die Befugnisse der Länder zur Mitwirkung beim Abschluss von Selektivverträgen wie folgt dar (differenziert danach, ob es sich um Befugnisse zur Ausübung von Rechtsaufsicht oder um Befugnisse zur Ausübung von inhaltlicher Mitgestaltung handelt): Die rechtsaufsichtlichen Befugnisse ergeben sich aus § 71 Abs. 4 Satz 2 SGB V. Danach sind die Verträge betreffend die Inhalte nach § 73 c Abs. 3, 140a Abs. 1 und § 73 b Abs. 4 (wie sich aus Satz 4 des § 71 Abs. 4 SGB V ergibt) der zuständigen Aufsichtsbehörde

---

138 Von *Möller*, SGb 2011, S. 562.
139 Kritisch auch *Bredehorst*, ZGMR 2011, S. 206.
140 Zum Instrument der Selektivvereinbarungen, das auch als wichtiges Element des Governancemodus des Wettbewerbs angesehen wird, *Burgi*, in: FS Schenke, S. 635 (637 f.); *Theuerkauf*, NZS 2011, S. 921; *Becker/Schweitzer*, DJT-Gutachten, S. 101 f.

vorzulegen, welche die Vereinbarungen „bei einem Rechtsverstoß" (d.h. lediglich im Falle der Rechtswidrigkeit des Vertrages) innerhalb „von 2 Monaten nach Vorlage beanstanden" kann. Ist die oberste Landesbehörde nicht zugleich Aufsichtsbehörde (beispielsweise weil die Aufsicht auf Bundesebene ausgeübt wird), dann ist ihr gemäß § 71 Abs. 4 Satz 4 SGB V Gelegenheit zur Stellungnahme innerhalb eines Monats „zu geben". Gegen diese Form der Einbeziehung als Rechtsaufsichtsbehörden ist nichts einzuwenden.

Interessanter im vorliegenden Zusammenhang sind die Befugnisse zur inhaltlichen Mitgestaltung, d.h. zu einem Einwirken auf die Vertragsinhalte ohne Notwendigkeit des Nachweises eines Rechtsverstoßes. Insoweit ist, ebenfalls durch das GKV-VStG, zunächst die Verpflichtung zur Vorlage der Vereinbarung an die „obersten Verwaltungsbehörden der Länder, in denen sie wirksam werden" statuiert (in § 71 Abs. 5 SGB V). Zusätzlich sieht § 71 Abs. 6 SGB V ein Vorschlagsrecht der auf Landesebene zuständigen obersten Verwaltungsbehörden der Länder gegenüber den Krankenkassen vor, d.h. ein Recht dazu, die Initiative zum Abschluss eines Selektivvertrages in einem bestimmten Bereich bzw. mit bestimmten Inhalten zu ergreifen. Hierdurch soll explizit ein stärkerer Einfluss der Länder auf das Versorgungsgeschehen eröffnet werden, was teilweise bereits Kritik ausgelöst hat.[141]

ee) Trägerschaft bei ambulanter Behandlung

Betreffend die Aufgaben der Trägerschaft bei ambulanter Behandlung haben sich interessante Änderungen im Hinblick auf das sog. Medizinische Versorgungszentrum (MVZ) ergeben. Gemäß § 95 Abs. 1 Satz 2 SGB V sind medizinische Versorgungszentren „fachübergreifende ärztlich geleitete Einrichtungen, in denen Ärzte, die in das Arztregister nach Abs. 2 Satz 3 eingetragen sind, als Angestellte oder Vertragsärzte tätig sind". Waren bislang nur Akteure, die selbst „Leistungserbringer" sind (wie insbesondere Ärzte und Krankenhäuser) als potenzielle Träger vorgesehen (§ 95 Abs. 1 Satz 6 SGB V a.F.), so können nun die Kommunen selbst Träger eines MVZ sein (vgl. § 105 Abs. 5 SGB V). Diese Befugnis tritt neben die Möglichkeit, als kommunaler Träger eines „zugelassenen Krankenhauses", also mittelbar, an der Trägergesellschaft als MVZ beteiligt zu sein (nach § 95 Abs. 1 a

---

141 So befürchtet *Theuerkauf*, NZS 2011, S. 925, einen Missbrauch dieser Befugnisse durch die Länder und *Möller*, SGb 2011, S. 563, moniert die angebliche Schwerfälligkeit der Einbeziehung verschiedener Länder.

Satz 1 SGB V).[142] Die neue Option, selbst Träger eines MVZ zu sein, ist allerdings an zwei Bedingungen geknüpft. Die Kommunen können nur „in begründeten Ausnahmefällen" eigene Einrichtungen betreiben, wobei ein begründeter Ausnahmefall nach § 105 Abs. 5 Satz 2 „insbesondere dann vorliegen (kann), wenn eine Versorgung auf andere Weise nicht sichergestellt werden kann". Sodann bedarf es der Zustimmung, d.h. einer positiven Entscheidung des Zulassungsausschusses über den Antrag zur Teilnahme an der vertragsärztlichen Versorgung mit angestellten Ärzten (§ 105 Abs. 5 Satz 3 SGB V). Hier findet sich mithin eine weitere Erscheinungsform der Unterordnung der allgemein-gebietsbezogenen Verwaltung unter die partikulare, funktionale Selbstverwaltung.[143] Dadurch dass diese Reformoption innerhalb des GKV-Systems erfolgt, ist immerhin sichergestellt, dass die durch das MVZ erbrachten Leistungen durch die GKV abgegolten werden, also nicht etwa eine kommunale Ausfallbürgschaft in finanzieller Hinsicht übernommen werden muss.

Zum Vergleich: Die Kassenärztlichen Vereinigungen sind zum Betrieb von MVZ ohne weiteres (lediglich das „Benehmen" mit den Landesverbänden der Krankenkassen und den Ersatzkassen ist erforderlich) berechtigt (nach § 105 Abs. 1 Satz 2 SGB V) und überdies vorrangig, was sich aus einem Umkehrschluss aus § 105 Abs. 5 Satz 2 SGB V ergibt. Eine zwar nicht unmittelbar kommunalbezogene Regelung, die aber allgemein den Betrieb von medizinischen Versorgungszentren einschränkt, hat das GKV-VStG dadurch bewirkt, dass gemäß § 95 Abs. 1 a Satz 1 künftig die Gründung eines MVZ lediglich in der Rechtsform einer „Personengesellschaft, einer eingetragenen Genossenschaft oder einer Gesellschaft mit beschränkter Haftung" möglich ist. Eine weitere Einschränkung ergibt sich daraus, dass als Gründer nur zugelassene Ärzte, zugelasse Krankenhäuser, Erbringer nicht-ärztlicher Dialyseleistungen oder freigemeinnützige Träger in Frage kommen[144] (abgesehen von der möglichen Trägerschaft der Kommunen nach § 105 Abs. 5 SGB V).

b) Beurteilung

Aus der Perspektive einer stärkeren Regionalisierung in Gestalt von Strukturelementen in der Kompetenz von Ländern und/oder Kommunen hat das GKV-VStG

---

142 Näher hierzu *Kaltenborn/Völger*, GesR 2012, S. 129 (135). Zu dem sich aus dem Kommunalrecht ergebenden Folgeproblem, dass nicht unbegrenzt Bürgschaften übernommen werden dürfen, vgl. die Stellungnahme des Deutschen Städtetages zum GKV-VStG vom 12.10.2011, BT-Gesundheitsausschuss, Drs. 17 (14) 0188 (37), S. 3 f. Erforderlichenfalls müsste hier auf der Ebene der Landesgesetzgebung nachgebessert werden.
143 So auch die Stellungnahme des Deutschen Städtetages, aaO, S. 4.
144 Kritisch insoweit *Freese*, Der Landkreis 2012, S. 236.

in der Tat nicht mehr als einen ersten Schritt bewirkt. Den bereits eingangs (Teil 1 III 2) zitierten Diagnosen ist insoweit Recht zu geben. In den besonders wichtigen Gremien „Gemeinsamer Bundesausschuss" und „Landesausschüssen" sind die Kommunen unverändert gar nicht vertreten, während die Länder (weiterhin) lediglich beratend mitwirken können. Bei der Bedarfsplanung dürfen sie neben den herkömmlichen aufsichtlichen Funktionen künftig Stellungnahmen abgeben. Zentrale Weichen werden unverändert durch den besonders weit von den regionalen Verhältnissen entfernt, da bundesweit zentral entscheidenden Gemeinsamen Bundesausschuss gestellt. An der „weitgehenden Einkappselung der Gemeinsamen Selbstverwaltung (gemeint ist: der Sozialverwaltungsträger) gegenüber politischer Vorsteuerung" (*Claudio Franzius*)[145] hat sich mithin nichts geändert.

Damit haben weder die Impulse aus der Realanalyse noch die aus der verfassungsrechtlich verankerten *staatlichen* Verantwortung für die Gesundheitsversorgung abgeleiteten Determinanten (Teil 1 C I) im GKV-VStG einen spürbaren Niederschlag gefunden. Die brüchig gewordene Rechtfertigung des Eingriffs in den sog. Randbereich der Garantie der kommunalen Selbstverwaltung aus Art. 28 Abs. 2 GG, den die gegenwärtige Nichtberücksichtigung der Kommunen im Bereich der ambulanten Krankenversorgung darstellt (Teil 1 C II), wird durch die vorgenommenen Maßnahmen nicht gestärkt.

2. Kompetenzverschiebungen zugunsten der Länder und/oder Kommunen betreffend bestehende Strukturelemente

Die nachfolgend diskutierten Reformvorschläge würden eine stärkere Regionalisierung der Versorgungsstrukturen bewirken und könnten somit die oben abgeleiteten Impulse aus der Realanalyse, aus der verfassungsrechtlich verankerten staatlichen Versorgungsverantwortung und aus der Garantie der kommunalen Selbstverwaltung nach Art. 28 Abs. 2 GG aufnehmen. Dabei wird jeweils zu fragen sein, wer den entsprechenden Änderungsvorschlag umzusetzen hätte (der Bundes- oder Landesgesetzgeber? Die Selbstverwaltung? etc.), ob die mit dem jeweiligen Vorschlag intendierten positiven Effekte für die Struktur der Gesundheitsversorgung auch tatsächlich erreicht werden können (Funktionsgerechtigkeit) und schließlich, ob es etwaige Grenzen im höherrangigen Recht gibt.

---

145 VSSR 2012, S. 55.

a) Bedarfsplanung

aa) Bei den Mitwirkungsrechten

Gemäß § 99 Abs. 1 Satz 4 und Satz 6 sind die Länder bislang bei der Bedarfsplanung dazu befugt, eine (jedenfalls dem Wortlaut nach thematisch eingeschränkte) „Stellungnahme" abzugeben, ferner können sie den aufgestellten Bedarfsplan beanstanden. Insoweit sollte zunächst eindeutig geregelt werden, dass die „Stellungnahme" sämtliche Belange betrifft und nicht thematisch beschränkt ist auf die „Ziele und Erfordernisse der Raumordnung und Landesplanung sowie der Krankenhausplanung". Aufgestellt wird der Bedarfsplan durch die Kassenärztlichen Vereinigungen (im Einvernehmen mit den Landesverbänden der Krankenkassen und den Ersatzkassen), d.h. von einem Sozialverwaltungsträger im Zusammenwirken mit anderen Sozialverwaltungsträgern. Hier könnte erwogen werden, den Landesbehörden ein Mitentscheidungsrecht zu geben[146]. Dies würde bedeuten, dass zwar weiterhin die Kassenärztlichen Vereinigungen für die Aufstellung des Bedarfsplans zuständig wären, dass aber das Land am Ende abschließend seine Zustimmung geben müsste, also zum Mitentscheider und nicht, wie bislang, zum Urheber einer Beanstandung würde. Eine noch weitergehendere Reformoption bestünde darin, die Kompetenz für die Aufstellung des Planes einem anderen Träger als den Kassenärztlichen Vereinigungen zuzuordnen; dies würde dann die Einführung eines neuen, zusätzlichen Strukturelements bedeuten, und ist daher erst im nächsten Abschnitt (3) anzusprechen.

M.E. wäre die Schaffung eines Mitentscheidungsrechts zugunsten der Länder bei unverändert fortbestehender Aufstellungskompetenz der Kassenärztlichen Vereinigungen kein erfolgversprechender Vorschlag. Die Aufstellung eines Bedarfsplans ist eine komplexe, große Sachkompetenz erfordernde Tätigkeit. Würde man den Ländern ein Mitentscheidungsrecht einräumen, so müssten sie von Anfang an in einer Art Parallelstruktur in sämtliche Aufstellungsaktivitäten einbezogen sein (mit entsprechendem Personal- und Ressourcenbedarf). Ein Mitentscheidungsrecht würde bei den Ländern eine neue Aufgabe begründen, für die sie gegenwärtig nicht gerüstet erscheinen und deren Erfüllung sie in permanente Konflikte mit den Sozialverwaltungsträgern führen würde. Die bereits bisher teilweise bestehende Unklarheit in der Verteilung der Rollen würde hierdurch deutlich verschärft. Während bislang noch halbwegs klar zwischen Aufstellung einerseits, Stellungnahme und Beanstandung, d.h. dem aufsichtlichen Tätigwerden andererseits, unterschieden werden kann, erscheinen mit der Einräumung eines Mitentscheidungsrechts permanente Kompetenzstreitigkeiten unvermeidbar. Der Zusammenhang zwischen

---

146 *Stollmann*, in: Versorgungsstrukturen, S. 60, hat im Vorfeld der Diskussion über das GKV-VStG von der Schaffung von „Einvernehmen" gesprochen.

Kompetenz und Verantwortung würde in einer Weise gestört, dass keine die Gesundheitsversorgung verbessernden Resultate zu erwarten wären.

Positiv zu beurteilen und daher zu fordern ist hingegen, auch den Kommunen das bislang nach § 99 Abs. 1 Satz 4 SGB V allein den „zuständigen Landesbehörden" eingeräumte Recht zur „Stellungnahme" zu geben. In einer materiell zunehmend auch an regionalen und lokalen Parametern orientierten Landschaft der Bedarfsplanung (auf die § 99 Abs. 1 Satz 2 SGB V explizit erstreckt werden müsste)[147] bildet ein Stellungnahmerecht der Kommunen die logische Konsequenz auf der organisatorischen Ebene. Diese Lösung würde in funktionsgerechter Weise die getroffenen Entscheidungen im Bedarfsplan verbessern helfen, weil Belange aus der kommunalen Perspektive, die (wie erwähnt) immer auch eine ganzheitliche Perspektive ist, frühzeitig einbezogen werden könnten. Zugleich würde dadurch der in der gegenwärtigen kompetenziellen Minderausstattung der Kommunen liegende Eingriff in die Garantie der kommunalen Selbstverwaltung nach Art. 28 Abs. 2 GG[148] zumindest abgemildert.[149]

Daher möchte ich vorschlagen, § 99 Abs. 1 SGB V um ein Recht zur Stellungnahme der Kommunen zu ergänzen, das sinnvollerweise durch die kommunalen Spitzenverbände ausgeübt würde, und zwar dadurch, dass diese die Einschätzungen der einzelnen betroffenen Stadt- und Landkreise bündeln und dokumentieren. Sollte eine dahingehende Änderung des SGB V nicht durchsetzbar sein, könnte (und sollte!) ein kommunales Recht zur Stellungnahme auf der Ebene eines Landesversorgungsstrukturgesetzes begründet werden. Die entsprechende Stellungnahme wäre dann von der zuständigen Landesbehörde aufzunehmen, d.h. sie müsste in deren Stellungnahme nach § 99 Abs. 1 Sätze 4 u. 6 einfließen.

bb) Bei der Abweichungsbefugnis

Nach § 99 Abs. 1 Satz 3 SGB V ist unter sehr engen Voraussetzungen, d.h. im Wege einer strikten Regel-Ausnahmebestimmung, zur Berücksichtigung regionaler Besonderheiten ein Abweichen von den Richtlinien des Gemeinsamen Bundesausschusses möglich. Die betreffende Richtlinie bildet gemäß § 99 Abs. 1 Satz 1 SGB V den Orientierungsrahmen für die Kassenärztlichen Vereinigungen bei der Aufstellung des Bedarfsplans (vgl. B I 1 a cc). Hieran könnte der Gesetzgeber kompetenzverschiebende Änderungen in der Weise vornehmen, dass der Gemeinsame Bundesausschuss dazu verpflichtet wird, von vornherein Raum für die Be-

---

147 Zu den bereits jetzt bestehenden Spielräumen vgl. *Schliwen*, IR 2012, S. 328.
148 Vgl. Teil 1 C II.
149 Wohlwollend gegenüber einer stärkeren kommunalen Beteiligung an der Bedarfsplanung daher auch *Pitschas*, VSSR 2012, S. 175; auf (vermutlich) entstehende „Bürokratielasten" hinreichend (*Steinhilper*, MedR 2012, S. 441 [442 f.]).

rücksichtigung regionaler Besonderheiten zu lassen, d.h. seinerseits eine Art Rahmenplanung zu machen, die dann (wie etwa im Verhältnis zwischen einem Flächennutzungsplan und einem Bebauungsplan) bei der Aufstellung des Bedarfsplans in den jeweiligen Ländern unter Berücksichtigung der regionalen Besonderheiten ausgefüllt würde. Dies müsste ergänzt werden durch eine Klarstellung dahingehend, dass der Gemeinsame Bundesausschuss keine Befugnis dazu hat, seinerseits auch noch die Voraussetzungen für eine Abweichung zu konkretisieren.[150]

Dieser vergleichsweise moderate Reformvorschlag könnte hinauslaufen auf eine „Makrosteuerung der Arztzahlen durch den GBA und eine Feinsteuerung der Verteilung auf der regionalen Ebene" (*von Stackelberg*[151]). Die hierdurch eröffnete Befugnis zur Feinsteuerung ermöglichte die Abschöpfung des Problemwissens unmittelbar vor Ort und würde doch der Gefahr entgegenwirken, dass aus dem verständlichen Wunsch der Länder und Kommunen nach einer möglichst hohen Versorgungsdichte bei gleichzeitig fehlender Kostenverantwortung dieser Akteure Zusatzrisiken für die Sozialversicherung erwachsen würden. In der Sache läuft dieser Reformvorschlag auf stärkere Gestaltungsbefugnisse der für die Aufstellung der Bedarfspläne zuständigen Sozialverwaltungsträger (mit Stellungnahmerechten der Länder, und, wie zu aa) vorgeschlagen, der Kommunen) hinaus, und damit zu einer deutlich stärkeren Regionalisierung als es die gegenwärtige Abweichungsbefugnis erlaubt; denn dass abgewichen werden kann, bedeutet ja, dass zunächst der bundesweit tätige Akteur GBA bis in die unterste Stufe hinab planerische Festlegungen getroffen hat. Mit der Verwirklichung dieses Vorschlags würde zugleich dem Umstand Rechnung getragen, dass das GKV-VStG die regionalen Planungsbereiche flexibilisieren und sie nicht mehr starr an Stadt- und Landkreisgrenzen, sondern am Ziel einer flächendeckenden Versorgung orientieren möchte (durch § 101 Abs. 1 Satz 6 SGB V).[152]

Der abschließende Reformvorschlag lautet mithin dahingehend, die bestehende Abweichungsbefugnis bei der Bedarfsplanung umzuwandeln in ein Recht zur Fortentwicklung der in der Richtlinie des GBA enthaltenen Rahmenvorgaben. Dabei besteht eine Pflicht zur Anpassung an die Rahmenvorgaben, diese dürfen aber nicht „praxisscharf" erfolgen, sondern müssen von vornherein eine Reihe von Spielräumen offen halten.

---

150 Zwar dürfte ihm eine solche Kompetenz auch schon nach bestehender Rechtslage nicht zustehen (so auch die Einschätzung des Gesetzgebers; BT-Drucks. 17/6904, S. 73, und des GBA selbst [in seiner Begründung nach neugefasster Bedarfsplanungsrichtlinie vom 20.12.2012 zu § 2, Ziffer 2.4]; *Pawlita*, in: Juris PK-SGB V, § 99 Rdnr. 15). Dennoch erscheint eine ausdrückliche gesetzliche Bestimmung angesichts der Konfliktträchtigkeit dieser Frage sinnvoll.
151 GesR 2012, S. 324.
152 Darauf weist auch *Pawlita*, in: Juris PK-SGB V, § 99 Rdnr. 16, hin.

b) Zusammensetzung der Landesausschüsse nach § 90 SGB V

Die im Bereich jedes Landes gebildeten Landesausschüsse der Ärzte und Krankenkassen bilden ein zentrales Strukturelement der Gesundheitsversorgung, weil ihnen verschiedene Entscheidungsbefugnisse in Zusammenhang mit der Bedarfsplanung im weiteren Sinne zustehen. So entscheiden sie nach § 99 Abs. 3 SGB V dann, wenn zwischen den Kassenärztlichen Vereinigungen und den Landesverbänden der Krankenkassen bzw. den Ersatzkassen kein Einvernehmen zustande kommt sowie im Falle einer Beanstandung des Bedarfsplans durch die Landesaufsichtsbehörde (nach § 99 Abs. 3 SGB V) und sie stellen u.a. eine bestehende oder drohende Unterversorgung fest (§ 100 Abs. 1) bzw. sie können unter bestimmten Voraussetzungen einen zusätzlichen lokalen Versorgungsbedarf in nicht unterversorgten Planungsbereichen feststellen (ausweislich des § 101 Abs. 1 Nr. 3 a).[153]

Entsprechend vielfach erhobener Forderungen[154] ist den Ländern durch das GKV-VStG in § 90 Abs. 4 Satz 2 das Recht eingeräumt worden, in Gestalt der „für die Sozialversicherung zuständigen obersten Landesbehörden" in den Landesausschüssen „beratend" mitzuwirken. Dies schließt nach § 99 Abs. 4 Satz 3 „das Recht zur Anwesenheit bei der Beschlussfassung" ein. Einer weitergehenden Forderung hätte es entsprochen, nicht nur ein Mitberatungsrecht, sondern ein Mitentscheidungsrecht dergestalt zu öffnen, also innerhalb des Landesausschusses die bestehende Parität von Kassenärztlicher Vereinigung, Landesverbänden der Krankenkassen und Ersatzkassen zu einer „Drittelparität"[155] auszubauen. Dies hätte sodann die weitere Option eröffnet, dass die Länder über „ihr Ticket", d.h. beispielsweise über ein Ausführungsgesetz auf Landesebene, auch kommunale Vertreter in den Landesausschuss einbeziehen könnten.

M.E. ist diesem Vorschlag entgegenzuhalten, dass der Landesausschuss ebenso wie die mit der Aufstellung der Bedarfspläne betrauten Kassenärztlichen Vereinigungen und Krankenkassen ein Akteur der sozialen Selbstverwaltung ist, der nach der bestehenden gesetzlichen Konzeption zentral durch die diesen Einheiten zugewiesenen Sicherstellungsaufträge und durch die ihnen über die Sozialversicherung zugewiesenen Finanzmittel geprägt ist. Die Begründung von Mitgliedschaftsrechten zugunsten des Landes in diesem Gremium erscheint daher ebenso wenig funktionsgerecht wie die Einräumung eines Mitentscheidungsrechts bei der auf der vorausliegenden Stufe erfolgenden eigentlichen Bedarfsplanung (vgl. soeben): Zur Geltendmachung regionaler Belange und zum Einspeisen diesbezüglicher Kompetenzen und politischer Vorstellungen genügt das Mitberatungsrecht, während ein

---

153 Die weiteren Kompetenzen sind über das SGB V verstreut; eine Auflistung findet sich bei *Beier,* in: Juris PK-SGB V, § 90 Rdnr. 9.
154 *Stollmann,* in: Versorgungsstrukturen, S. 61; *Bredehorst,* ZGMR 2011, S. 206.
155 Begriff und Forderung nach *Reumann,* Der Landkreis 2012, S. 233.

Mitentscheidungsrecht die sowieso schon komplizierte Rollenverteilung weiter verunklaren würde. Es besteht somit im Hinblick auf die bestehende Kompetenzausstattung der Länder bei der Zusammensetzung des Landesausschusses kein Handlungsbedarf.

Anders verhält es sich im Hinblick auf die Kommunen. Diese haben nach wie vor keine Mitberatungsrechte, wodurch eine wichtige Chance der Einbeziehung des dort vorhandenen Erkenntnisstandes über die regionale Versorgung und des dort angesiedelten allgemeinpolitischen Mandats nicht genutzt wird. Die Gesundheitsministerkonferenz der Länder hat am 27. und 28. Juni 2012 Folgendes festgestellt:

> *„Derzeit haben die betroffenen Kommunen keine Mitwirkungsmöglichkeiten bei der Festlegung von Maßnahmen zur Sicherstellung der hausärztlichen Versorgung. Zukünftig ist davon auszugehen, dass Kommunen über Kooperationsverträge mit den Krankenkassen und/oder Kassenärztlichen Vereinigungen verstärkt Aktivitäten zur Gewinnung von Hausärzten entfalten und so zu wichtigen Partnern werden ... Aus diesem Grund sind ihnen notwendige Anhörungsrechte im Landesausschuss einzuräumen."*[156]

M.E. sollte die Einräumung eines Anhörungs- bzw. (besser) Mitberatungsrechts nicht nur auf den Bereich der hausärztlichen Versorgung und auf das Verfahren zur Feststellung von Über- und Unterversorgung beschränkt werden, sondern generell im Zusammenhang des die Zusammensetzung der Landesausschüsse regelnden § 90 Abs. 4 SGB V niedergelegt werden.

Alternativ zu einer dahingehenden Ergänzung des SGB V könnte in Landesgesetzen zum GKV-VStG geregelt werden, dass die Länder zur Beratung mit den Kommunen verpflichtet sind und die daraus folgenden Erkenntnisse über die Ausübung ihres Beratungsrechts im Landesausschuss nach § 90 Abs. 4 SGB V einspeisen. In beiden Fällen könnten die Einschätzungen der Kommunen über die kommunalen Spitzenverbände gebündelt werden.

c) Erweiterte Mitwirkungsrechte im GBA

Der Gemeinsame Bundesausschuss verfügt über rechtsetzungsähnliche Befugnisse, indem er „die zur Sicherung der ärztlichen Versorgung erforderlichen Richtlinien über die Gewähr für eine ausreichende, zweckmäßige und wirtschaftliche Versorgung der Versicherten" beschließt. Diese Richtlinien beziehen sich auf eine ganze Reihe von Gegenständen, darunter nach § 92 Abs. 1 Satz 2 Nr. 9 SGB V auch

---

156 Ziffer 3.7 des Berichts der Arbeitsgemeinschaft der obersten Landesgesundheitsbehörden zur Sicherstellung der hausärztlichen Versorgung in Deutschland: Die Primärversorgung in Deutschland im Jahr 2020, Stand 11.3.2008, Anlage zu TOP 5.1 der 81. GMK (bekräftigt mit Beschluss Ziffer 1 der 85. GMK vom 28.6.2012, TOP 6.1.).

auf die „Bedarfsplanung"; wie bereits kennengelernt (B I 2 a), bildet die einschlägige Richtlinie den zentralen Maßstab bei der Aufstellung des Bedarfsplans. Das GKV-VStG hat in Bezug auf diesen Entscheidungsgegenstand ein „Mitberatungsrecht der Länder" eingeführt, das durch zwei Vertreter der Länder, benannt von der Gesundheitsministerkonferenz, ausgeübt wird. Nach § 92 Abs. 7 e Satz 3 SGB V umfasst dieses Recht auch die Befugnis, „Beratungsgegenstände auf die Tagesordnung setzen zu lassen und das Recht zur Anwesenheit bei der Beschlussfassung". Dies erstreckt sich auf die Beratung im Plenum, im zuständigen Unterausschuss und in den nachgeordneten Gremien wie Arbeitsausschüssen oder Arbeitsgruppen.

Die 85. Gesundheitsministerkonferenz der Länder am 27./28. Juni 2012 hat zu Ziffer 5 b) des TOP 5.1 gefordert, dieses Mitberatungsrecht auch auf den Entscheidungsgegenstand „Qualitätssicherung" (geregelt in § 92 Abs. 1 Satz 2 Nr. 13 SGB V) zu erstrecken. Weitergehender als ein Mitberatungsrecht wäre ein Mitentscheidungsrecht zugunsten der Ländervertreter im GBA gewesen. Eine dahingehende Forderung wurde interessanterweise (soweit ersichtlich) auf der Ebene der Gesundheitsministerkonferenz nicht erhoben.[157] M.E. war die Schaffung des Mitberatungsrechts für die Ländervertreter eine funktionsgerechte Maßnahme im Interesse der stärkeren Regionalisierung der Struktur in der Gesundheitsversorgung. Es ermöglicht den Ländern, ihre gebietskörperschaftlich legitimierte Sicht auf die künftige Gesundheitsversorgung und die bei ihnen vorhandene Problemkenntnis in den Beratungsprozess einzubringen. Demgegenüber würde ein Mitentscheidungsrecht die klare Rollenverteilung zwischen den Trägern der sozialen Selbstverwaltung einerseits, den staatlichen und kommunalen Einheiten andererseits, verwischen. Hinzukommt, dass der Legitimationsgrund für die mit rechtsetzungsähnlichen Befugnissen ausgestattete Institution des Gemeinsamen Bundesausschusses gerade darin besteht, dass durch ihn bundeseinheitlich geltende Standards gesetzt werden können, was durch eine Mitentscheidung der Länder unmittelbar in diese Institution konterkariert würde. Den Ländern verbleibt jederzeit die Möglichkeit, ihrerseits über das Organ des Bundesrates auf die Gesetzgebung des Bundes einzuwirken und für die Zukunft andere Entscheidungen in der Gesundheitsversorgung herbeizuführen, so sie dies denn wollen.

Eröffnet werden sollte freilich die Möglichkeit, auch die Sichtweise der betroffenen Kommunen und die dort besonders zahlreich vorhandenen Problemkenntnisse in die Beratungen des GBA einzuspeisen. Dies könnte sinnvollerweise dadurch erfolgen, dass durch § 92 Abs. 7 e SGB V neben den zwei Vertretern der Länder ein Vertreter aus dem Bereich der kommunalen Spitzenverbände auf Bun-

---

157 In der Literatur hat sich *Möller*, SGb 2011, S. 562, für eine „echte Einwirkung auf Entscheidungsprozesse" ausgesprochen und eine Einbeziehung bereits auf der Ebene der Richtlinienfindung für „zielführend" erachtet.

desebene mit den entsprechenden Befugnissen ausgestattet wird. Darin läge ebenso wenig wie schon im Mitberatungsrecht der Länder ein Verstoß gegen das angebliche (vgl. dazu noch Teil 3 C II 3) Verbot der Mischverwaltung (richtigerweise ginge es eher um ein Verbot der Misch-Rechtsetzung), weil ja jedenfalls keine Entscheidungsbefugnisse eingeräumt werden.[158]

d) Erweiterte Mitgestaltungsrechte bei Selektivverträgen

Ein erster Reformvorschlag betreffend die Selektivverträge muss zugunsten der Länder bei dem Initiativerecht nach § 71 Abs. 6 SGB V ansetzen. Gegenwärtig verpflichtet dieses Initiativrecht die Gesetzlichen Krankenkassen nicht einmal dazu, den „Anregungen" auch zu folgen.[159] Zwar kann es nicht darum gehen, dass die Gesetzlichen Krankenkassen dazu verpflichtet würden, jede Anregung der Länder 1:1 aufzunehmen, d.h. sie sich inhaltlich zu eigen zu machen. Es muss sich aber zweifelsfrei aus dem Gesetz ergeben, dass die Gesetzlichen Krankenkassen dazu verpflichtet sind, einen Initiativvorschlag seitens eines Landes aufzugreifen, sich mit ihm auseinanderzusetzen und ihn ggf. mit schlüssiger Begründung entweder abzulehnen oder aufzugreifen.

Jenseits des Initiativrechts sollte m.E. zusätzlich ein Recht zur Stellungnahme nach Abschluss des Entwurfs eines Selektivvertrages zwischen den beteiligten Vertragsparteien geschaffen werden. Auch dieses würde es den Ländern ermöglichen, etwaige Rückwirkungen auf das übrige Versorgungsgeschehen zu reflektieren, Ergänzungs- bzw. Verbesserungsvorschläge zu machen und die bei ihnen vorhandene Problemkenntnis, insbesondere auch betreffend die übrigen Sektoren der Gesundheitsversorgung (einschließlich Prävention, Rehabilitation und Pflege) einzubringen. Will man eine größere Verzahnung der einzelnen Sektoren der Gesundheitsversorgung erreichen, so müssen bei jedem einzelnen Gestaltungsinstrument, und somit auch bei den Selektivverträgen, Spielräume bestehen, um die Verzahnungsimpulse verarbeiten zu können. Durch eine kurze Frist (beispielsweise ein Monat) dürfte die Befürchtung, dass das gesamte Verfahren dadurch schwerfällig wird, entkräftet werden können.

Dem Staat in Gestalt der Länder würde hierdurch ein weiteres Mal ermöglicht, seiner verfassungsrechtlich begründeten Verantwortung für die Gesundheitsversorgung entsprechen zu können, ohne dass verfassungsrechtliche Probleme im Hinblick auf das (angebliche) Verbot der Mischverwaltung entstünden, da ja kein

---

[158] Hess, ZMGR 2011, S. 210, der entsprechende Bedenken aufwirft, sieht diese selbst ausgeräumt, ebenso Ebsen, G+S 2011, S. 52, und Wrase, GuP 2012, S. 3.
[159] Regierungsentwurf, BT-Drucks. 17/6906, S. 55, zu Nr. 11 (lit. c); Engelmann, in: Juris PK-SGB V, § 71 Rdnr. 62.

zusätzliches Aufsichtsrecht geschaffen, sondern den Ländern die Wahrnehmung eines politischen Mitgestaltungsrechts als Gliedstaaten ermöglicht würde.

Nach näherer Bestimmung auf der Ebene der Landesgesetze sollte sodann den Kommunen (auf Kreisebene) die Gelegenheit eröffnet werden, vor der Formulierung einer Stellungnahme bzw. zwecks Veranlassung einer Landesinitiative ihre Position kundzutun. Dies sollte im Interesse eines effektiven Verfahrensablaufs auf Selektivverträge beschränkt werden, die einen erheblichen Anteil der Patienten im jeweiligen Versorgungsgebiet (und damit der Bürgerinnen und Bürger im jeweiligen Kreisgebiet) betreffen würden. Die näheren Einzelheiten könnten in einem Landes-Versorgungsstrukturgesetz niedergelegt werden.

e) Erleichterte Voraussetzungen für die Trägerschaft an Einrichtungen zur unmittelbaren ambulanten Behandlung

Insoweit sollte der Gesetzgeber zunächst die Einschränkungen bei der Formenwahl, durch die die Gesellschaft Bürgerlichen Rechts und die öffentlich-rechtlichen Formen (v.a. die Anstalt) künftig ausgeschlossen sind (vgl. B I 1 a ee), wieder beseitigen. Der Gesetzgeber begründete dies mit der Gewährleistung der Unabhängigkeit ärztlicher Entscheidungen von reinen Kapitalinteressen; warum dann MVZ in öffentlich-rechtlicher Rechtsform künftig nicht mehr möglich sein sollen, erschließt sich freilich nicht. Hier sollte gerade im Hinblick auf eine kommunale Trägerschaft das GKV-VStG nachgebessert werden.[160]

Jenseits der mittelbaren Trägerschaft vermittels eines kommunalen Krankenhauses, eröffnet das SGB V nach Inkrafttreten des GKV-VStG nunmehr auch den Kommunen die Möglichkeit, unmittelbar „eigene Einrichtungen zur unmittelbaren medizinischen Versorgung der Versicherten" zu betreiben, und zwar durch § 105 Abs. 5 SGB V (vgl. B I 1 a ee). Dies wird allerdings in zweifacher Weise konditioniert: Die notwendige Ermächtigung seitens des Zulassungsausschusses (wiederum eines Gremiums der sozialen Selbstverwaltung) kann nur „in begründeten Ausnahmefällen" erteilt werden und „nur" mit Zustimmung der Kassenärztlichen Vereinigung. Da eine kommunale Finanzverantwortung (etwa in Gestalt einer Art Ausfallbürgschaft) in finanzieller Hinsicht seitens der Kommune weder realistisch ist noch angestrebt wird, vielmehr die durch die eigene Einrichtung erbrachten Leistungen aus den Töpfen[161] der Gesetzlichen Krankenversicherung abgegolten werden muss, ist es akzeptabel, dass die Befugnis zum Betrieb von eigenen Ein-

---

160 So auch die ausdrückliche Forderung von *Reumann*, Der Landkreis 2012, S. 233. Möglicherweise genügt auch eine Klarstellung, dass die Formenbeschränkungen nach § 95 Abs. 1 SGB V für die kommunalen Einrichtungen nach § 105 Abs. 5 SGB V gar nicht gelten (so *Bäune/Dahm/Flasbarth*, MedR 2012, S. 77 [83]).
161 Zu den Einzelheiten vgl. *Pawlita*, in: Juris PK-SGB V, § 105 Rdnr. 48.

richtungen auf „begründete Ausnahmefälle" beschränkt ist, und dass es (auch im Hinblick auf die medizinische Qualifikation der dort Tätigen) einer Entscheidung des Zulassungsausschusses bedarf. Beseitigt werden sollte m.e. aber das Erfordernis der Zustimmung der Kassenärztlichen Vereinigung,[162] nicht zuletzt deshalb, weil die Kassenärztlichen Vereinigungen selbst zum Betrieb von MVZ berechtigt sind (nach § 105 Abs. 1 Satz 2 SGB V) und zwar sogar vorrangig (Umkehrschluss aus § 105 Abs. 5 Satz 2 SGB V).

f) Zusammenfassende Bewertung

Im vorherigen Abschnitt wurden folgende Vorschläge zum Ausbau der Kompetenzen der Länder bzw. der Kommunen im Hinblick auf bestehende Strukturelemente der ambulanten Gesundheitsversorgung begründet:
– Ein Recht auf Stellungnahme zugunsten der Kommunen bei der Bedarfsplanung nach § 99 Abs. 1 SGB V;
– Die Umwandlung der bisherigen Richtlinienbefugnis des Gemeinsamen Bundesausschusses bei der Bedarfsplanung (mit Abweichungsbefugnis der Länder) in eine Rahmenplanung mit Konkretisierungsbefugnis der Länder nach § 99 Abs. 1 SGB V;
– Ein Mitberatungsrecht der Kommunen in den Landesausschüssen nach § 90 Abs. 4 SGB V bzw. mittelbar über die Länder;
– Ein Mitberatungsrecht für Kommunen im Gemeinsamen Bundesausschuss;
– Ein Initiativrecht mit Befassungspflicht und ein Recht zur Stellungnahme mit Benehmensregelung bei Selektivverträgen zugunsten der Länder und unter vorheriger Einbeziehung der Kommunen durch die Länder;
– Die Ermöglichung auch öffentlich-rechtlicher Organisationsformen für eigene Einrichtungen und der Verzicht auf die Zustimmung der Kassenärztlichen Vereinigung vor Schaffung eigener Einrichtungen.

Die Umsetzung dieser Vorschläge würde mehr Regionalisierung und damit mehr Problemnähe und Flexibilität, vor allem aber eine Öffnung für Ansätze koordinierenden und integrierenden Charakters im Hinblick auf die anderen Sektoren der Gesundheitsversorgung ermöglichen. Die Vorschläge nehmen die Impulse aus der eingangs unternommenen Realanalyse und aus dem Grundgesetz auf. Mit ihrer Realisierung könnte auch den Vorgaben aus der Garantie der kommunalen Selbstverwaltung nach Art. 28 Abs. 2 GG besser entsprochen werden.

---

162 Ebenso die Stellungnahme des Deutschen Städtetages (Fn. 142), S. 4.

3. Etwaige neue Strukturelemente

Soweit ersichtlich sind bislang in der politischen und wissenschaftlichen Diskussion über die zukünftige Gestaltung der ambulanten Gesundheitsversorgung keine substantiierten Reformvorschläge außerhalb des bestehenden Regelungsrahmens gemacht worden. Zentral für das gegenwärtige System ist die Zuweisung des Sicherstellungsauftrags an die Kassenärztlichen Vereinigungen (durch § 75 Abs. 1 Satz 1 SGB V), die insbesondere die Basis für die Verantwortung dieser Institutionen für die Aufstellung des Bedarfsplans nach § 99 Abs. 1 SGB V bildet. Grundstürzende Reformvorschläge müssten hier ansetzen und die Sicherstellungverantwortung von der Kassenärztlichen Vereinigung entweder auf die Gesetzlichen Krankenkassen oder auf die Länder bzw. einen neuen Rechtsträger, etwa unter Beteiligung der Länder (und ggf. der Kommunen), übertragen.

Die Überlegung, die Sicherstellungsverantwortung den Gesetzlichen Krankenkassen zu übertragen, würde deren Gestaltungsmacht in einem Maße vergrößern, das regulatorische Aktivitäten erforderte.[163] Dies kann im Rahmen der vorliegenden Untersuchung nicht weiter verfolgt werden, da sich hiermit jedenfalls keine stärkere Regionalisierung der Gesundheitsversorgung, sondern eher die Entstehung noch zentralerer Strukturen, jedenfalls auf der Ebene der Gesetzlichen Krankenkassen, verbinden würde.

Mit der Überlegung, die Sicherstellungsverantwortung künftig den Ländern zuzuordnen, sympathisiert namentlich *Claudio Franzius*,[164] indem er es für überdenkenswert erachtet, nach dem Vorbild der Netzwirtschaften „die Planungsverantwortung in die Hände der Landesbehörden zu legen". Dieser Vorschlag ist bislang ebenso wenig näher ausgeführt wie die bei *Köhler*[165] angestellte Überlegung, eine Art Zweckverband unter Beteiligung der Träger der sozialen Selbstverwaltung und der Länder zu schaffen; vorstellbar wäre bei einem solchen Modell sicherlich auch die Beteiligung der Kommunen.

Im Sinne der eingangs geschilderten, auf die praktische Politik zielende Perspektive der hier vorgelegten Untersuchung, sind Überlegungen dieser Art als wenig realistisch anzusehen. Inhaltlich würden sie an der gegenwärtigen Fixierung auf verschiedene Sektoren (hier: auf den ambulanten Sektor) nichts ändern, sondern die heute bestehende Säulenstruktur lediglich in eine teilweise veränderte Zuordnung überführen. Vorschläge, eine stärkere Gestaltungsverantwortung bei den Ländern und ggf. bei einem neu zu schaffenden Verband anzusiedeln, verdienen unsere weitere rechtswissenschaftliche Aufmerksamkeit m.E. daher nur, wenn es

---

163 Über erste, unter dem Vorzeichen der Schaffung von mehr Wettbewerb stehende höchst hypothetische Überlegungen berichten *Becker/Schweitzer*, DJT, S. 106 f.
164 VSSR 2012, S. 61.
165 ZGMR 2011, S. 212.

sich hierbei um eine sektorenübergreifende Zuständigkeit, d.h. gerade um die Überwindung des gegenwärtigen Säulenmodells handelt.[166] Somit kann der hier beschrittene Weg, innerhalb der Sektoren die Kompetenzen der Kommunen und ggf. der Länder im Hinblick auf die fortbestehenden Strukturelemente zu erweitern und dabei Spielräume für Verzahnungen, d.h. für integrierende bzw. koordinierende Lösungen zu schaffen, jedenfalls im Hinblick auf den besonders virulenten Bereich der ambulanten Gesundheitsversorgung fortgesetzt werden.

II. Krankenhausversorgung

Wie bereits zu Beginn des vorherigen Abschnitts (B I) angedeutet, bildet nicht mehr die tradierte Unterscheidung zwischen stationärer und ambulanter Behandlung die maßgebliche Trennlinie, sondern die Unterscheidung danach, ob die entsprechenden Versorgungsleistungen durch niedergelassene Ärzte oder durch ein Krankenhaus erbracht werden. Selbstverständlich erfolgt aber die stationäre Behandlung nach wie vor vollständig im Krankenhaus, während umgekehrt bei der ambulanten Behandlung der überwiegende Teil der Versorgungsvorgänge durch niedergelassene Ärzte erfolgt. Es gibt aber einen (wachsenden) Bereich der Erbringung ambulanter Leistungen in bzw. durch Krankenhäuser und es gibt die vor- und nachstationäre Behandlung durch niedergelassene Ärzte, die jedenfalls funktional auf den Krankenhausbereich bezogen ist.[167]

1. Versorgungsspektrum und -strukturen im Überblick

Den Ausgangspunkt der Versorgungsstrukturen im Krankenhaussektor bildet die sog. Sicherstellungsverantwortung der zuständigen Landesbehörden nach § 6 Abs. 1 und 4 des KHG i.V.m. § 1 Abs. 1 KHG des Bundes. Das zentrale Instrument zur Erfüllung des Sicherstellungsauftrags ist der Krankenhausplan nach § 6 KHG i.V.m. dem jeweiligen Landeskrankenhausgesetz (vgl. stellvertretend §§ 12 ff.

---

166 Darauf bezieht auch *Köhler*, aaO, seinen Vorschlag; vgl. näher Teil 3 A II.
167 Instruktiver Gesamtüberblick mit zahlreichen systematischen Abgrenzungen und Lösungsansätzen zu den sich daraus ergebenden Folgefragen bei *Simon*, Das Krankenhaus im System der ambulanten Versorgung gesetzlich Krankenversicherter, 2012; vgl. aus der Aufsatzliteratur ferner *Ratzel/Szabados,* GesR 2012, S. 210; *Prütting*, GesR 2012, S. 332 (jeweils unter Einbeziehung der auch in diesem Bereich teilweise erfolgten Veränderungen durch das GKV-VStG); ferner *Hense*, in: Fehling/Ruffert, Regulierungsrecht, § 16 Rdnr. 14 ff.

KHG NRW[168]). Aufgabe der Länder nach dem KHG ist es, den Bedarf an Krankenhäusern durch die Aufstellung von Krankenhausplänen zu sichern. Maßgebliche Kriterien in diesem Planungsprozess sind Bedarfsgerechtigkeit, Leistungsfähigkeit und Wirtschaftlichkeit.[169] Die Zulassung des einzelnen Krankenhauses zur Krankenbehandlung unter dem SGB V erfolgt dann entweder durch Verwaltungsakt der jeweils zuständigen Landesbehörde oder (höchst subsidiär und daher nachfolgend zu vernachlässigen) durch Abschluss eines Versorgungsvertrages zwischen den Verbänden der Krankenkassen und jenem Krankenhaus. Die Sozialverwaltungsträger (die Akteure der sozialen Selbstverwaltung im oben, Teil 1 D II 2, beschriebenen Sinne) spielen hier also von vornherein eine bedeutend kleinere Rolle als im Bereich der vertragsärztlichen Versorgung. Selbst beim Abschluss eines Versorgungsvertrages ist ein Genehmigungsvorbehalt der zuständigen Landesbehörden statuiert (in § 109 Abs. 3 Satz 2 SGB V).[170]

Das Zulassungserfordernis für Krankenhäuser ergibt sich aus § 108 SGB V und darf nicht verwechselt werden mit etwaigen gewerberechtlichen Zulassungserfordernissen (für die sog. Privatkrankenanstalten nach § 30 GewO). Im Unterschied zu den Zulassungsentscheidungen im vertragsärztlichen Regime, das lediglich den Bereich der GKV-Versicherten betrifft, haben die Festlegungen im Krankenhausplan (als Ausfluss der ebenfalls weitergehenden Sicherstellungsverantwortung der Länder) ebenso Relevanz und Gültigkeit für die privat Versicherten. Bereits daran wird deutlich, dass hier die die gebietskörperschaftlich-allgemeine politische Verantwortung und nicht die den Niederlassungsbereich prägende Partikularverantwortung von Selbstverwaltungsträgern maßgeblich ist.[171]

Das SGB V regelt in diesem Bereich mithin die Zulassung zur GKV-finanzierten Versorgung und damit die erste von zwei Säulen der Krankenhausfinanzierung. Diese Säule besteht darin, dass nach erfolgter Zulassungsentscheidung nach § 108 SGB V das jeweilige Krankenhaus zur Liquidation der Behandlungskosten mit den Gesetzlichen Krankenkassen berechtigt ist. Diese erfolgt anhand der sog. Pflegesätze, welche kollektivvertraglich, d.h. durch die Akteure der Gemeinsamen Selbstverwaltung auf Bundes- und Landesebene festgelegt werden.[172] Wichtigste Rahmenbedingung hier ist das seit einigen Jahren bestehende sog. DRG-Fallpauscha-

---

168 Vom 11.12.2007 (GVBl. 2007, S. 702), zuletzt geändert durch G. vom 14.2.2012 (GVBl. 2012, S. 97).
169 Zu den Einzelheiten *Quaas/Zuck*, Medizinrecht, §§ 24 ff.; *Burgi*, NVwZ 2010, S. 601; *Hense*, in: Fehling/Ruffert, Regulierungsrecht, § 16.
170 Näher hierzu *Ebsen*, G+S 2011, S. 47.
171 Zur Einbeziehung der gesamten Bevölkerung in die Krankenhausplanung *Becker/Schweitzer*, DJT-Gutachten, S. 122.
172 Wie *Kingreen*, DV 42 (2009), S. 339 (352), berichtet, waren bis vor knapp 20 Jahren noch die Verordnungsgeber in den Ländern zuständig.

lensystem.[173] Die zweite finanzielle Säule wird durch die Investitionsförderung gebildet. Sie findet ihre Grundlage unmittelbar im jeweiligen Landeshaushalt, woraus sich ein zweites Mal die hier starke Stellung der Länder zeigt (sog. dualistisches Modell der Krankenhausfinanzierung).

In den vergangenen Jahren sind verschiedene Wege eröffnet worden, um die im Grundsatz strenge sektorale Aufteilung zwischen der ambulanten und der stationären Versorgung teilweise und bei Vorliegen bestimmter Voraussetzungen zu überwinden, und zwar dadurch, dass auch den Krankenhäusern Möglichkeiten zur ambulanten Leistungserbringung eröffnet werden. Das jüngste Regelungsmodell dieser Art ist die „ambulante spezialfachärztliche Versorgung"[174] für bestimmte, schwer therapierbare Krankheiten, an der gemäß § 116b Abs. 2 SGB V sowohl Vertragsärzte als auch zugelassene Krankenhäuser teilnehmen können. Dieses Regelungsmodell hat die nur wenige Jahre bestehende Vorgängervorschrift (§ 116b SGB V a.F.), wonach nur Krankenhäuser (und nicht, wie nach dem neuen Recht, auch Vertragsärzte für die Erbringung bestimmter Katalogleistungen zugelassen werden konnten) abgelöst.[175] Voraussetzung für die Inanspruchnahme dieser Option durch Krankenhäuser ist die erfolgreiche Absolvierung eines Anzeige- und Prüfungsverfahrens, für das gemäß § 116b Abs. 3 Satz 1 SGB V ein um Vertreter der Krankenhäuser erweiterter Landesausschuss zuständig ist. Auf der strukturellen Ebene der Gewährleistung der hier stattfindenden Leistungserbringung ist damit eine den Selektivverträgen vergleichbare Sonderregelung geschaffen worden, ähnlich wie bereits im Abschnitt über die ambulante Behandlung (B I 1 a dd) etwa im Hinblick auf die Formen der sog. integrierten Versorgung nach § 140a ff. SGB V geschildert; bei dieser handelt es sich übrigens um ein weiteres wichtiges Modell für die Öffnung der ambulanten Versorgung für Krankenhäuser. All diese Formen der Öffnung der ambulanten Versorgung für Krankenhäuser sind *außerhalb* des eigentlichen vertragsärztlichen Systems, also im Rahmen neuer Versorgungsformen angesiedelt. Hinsichtlich der verstärkten Einbeziehung der gebietskörperschaftlich, und damit allgemeinpolitisch legitimierten Träger Land und Kommunen kann insoweit auf die zu den Selektivverträgen im vorherigen Abschnitt bereits gemachten Ausführungen verwiesen werden (B I 2 d); eine detailliertere Spezifizierung im Hinblick auf jedes einzelne dieser Institute kann auch im Hinblick auf die vergleichsweise überschaubare Relevanz und aus Gründen der

---

173 Eingehend hierzu *Rübsamen*, Verfassungsrechtliche Aspekte des Fallpauschalensystems im Krankenhauswesen (DRG-Vergütungssystem), 2008.
174 Vgl. hierzu *Pitschas*, VSSR 2012, S. 176 f.; *Stollmann*, NZS 2012, S. 486 ff.; *Penner*, ZM-GR 2012, S. 16 ff.; aus der Sicht der Akteure *Wagener* (Stellv. Hauptgeschäftsführer der Deutschen Krankenhausgesellschaft), ZMGR 2011, S. 220; *von Stackelberg* (Vors. des GKV Spitzenverbandes), GesR 2012, S. 324.
175 Bei der Anwendung dieser Vorschrift ist es von Anfang an zu einer Welle von Konkurrentenklagen gekommen; vgl. hierzu u.a. *Burgi*, in: FS Schenke, S. 635; zur Genese der neuen Vorschrift *Stollmann*, NZS 2012, S. 485 ff.

Übersichtlichkeit der Ausführungen im Rahmen dieses Gutachtens nicht geleistet werden. Dem stehen die verschiedenen Optionen der Öffnung der ambulanten Versorgung für Krankenhäuser *innerhalb* des vertragsärztlichen Systems gegenüber: Die persönliche Ermächtigung von Krankenhausärzten gemäß § 116 SGB V, die sog. Institutsermächtigung gemäß §§ 98 Abs. 2 Nr. 11, 116a des SGB V, die Ambulanzen nach §§ 117 f. SGB V und auch die Mitwirkung in Medizinischen Versorgungszentren (vgl. zu diesen bereits B I 2 e). In den Fällen dieser Kategorie entstammen die Strukturelemente der Gewährleistung einer geordneten und erfolgreichen Leistungserbringung logischerweise der Welt der vertragsärztlichen Versorgung, so dass hinsichtlich des regionalisierungsbezogenen Reformbedarfs auf die Ausführungen im vorherigen Abschnitt (I) verwiesen werden kann. Die dort angestellten Überlegungen zugunsten eines Ausbaus der Mitwirkungs- und Gestaltungskompetenzen von Ländern und Kommunen erhalten durch die Existenz und den Umstand des möglicherweise erfolgenden Ausbaus jener Optionen einen zusätzlichen Schub, weil in dem Maße, in dem neben den Vertragsärzten auch Krankenhäusern die ambulante Leistungserbringung eröffnet wird, die Notwendigkeit nach einer Verbreiterung der Entscheidungsstrukturen und damit der Einbeziehung der Gebietskörperschaften Land und Kommunen zunimmt.

2. Kompetenzverschiebungen zugunsten der Länder und/oder der Kommunen betreffend bestehende Strukturelemente

a) Krankenhausplanung

Die gegenwärtigen Strukturen ermöglichen insbesondere den Ländern, aber auch den Kommunen (vgl. sogleich), die Strukturen der Gesundheitsversorgung im Krankenhaus zu gestalten, weil hier, im Unterschied zum vertragsärztlichen Bereich, die Gewährleistungsaufgabe von vornherein als allgemeinpolitisches Mandat des Landes verstanden und durch die maßgeblichen gesetzlichen Bestimmungen konzipiert worden ist. So sind die Länder zunächst zur Aufstellung der Krankenhauspläne berufen, wobei sie Ziele festlegen, Bedarfe analysieren und die Situation im Hinblick auf einzelne Krankenhausstandorte gestalterisch in den Blick zu nehmen haben, dies nach den Maßstäben des § 6 Abs. 1 KHG. Um in einen Krankenhausplan aufgenommen zu werden, muss sodann jedes einzelne Krankenhaus eine Qualifikationsprüfung (anhand der Kriterien der Bedarfsgerechtigkeit, Leistungsfähigkeit und Wirtschaftlichkeit) durchlaufen und das Land hat überdies bei der Auswahl zwischen mehreren geeigneten und grundsätzlich in Frage kommenden Krankenhäusern eine Ermessensentscheidung zu treffen.[176] Den Ländern ist hiermit ein leistungsfähiges „Steuerungselement für eine bedarfsgerechte Versorgung der Bevölkerung" in die Hand gegeben worden.[177] Insbesondere wird es ihnen ermöglicht, den in der Realanalyse (Teil 1 B I) geschilderten Faktoren, die eine flächendeckend-bedarfsgerechte Versorgung auf qualitativ akzeptablem Niveau bedrohen könnten, entgegenzusteuern. Freilich kann nicht geleugnet werden, dass es auch in diesem Bereich zu Fehlsteuerungen kommt, und zwar dahingehend, dass aus landes- bzw. lokalpolitischen Einzelinteressen und aus Scheu vor politisch unangenehmen Entscheidungen[178] kostenträchtige Strukturen aufrecht erhalten und teilweise Überversorgungen verursacht werden. Immerhin zieht die Pflicht der Länder zur Investitionsförderung (d.h. zur finanziellen Unterstützung der Krankenhäuser in einer von zwei Säulen [neben der Säule der Vergütung über die GKV; vgl. II 1]) Auswüchsen eine durchaus relevante Grenze.

Aus Sicht des im Mittelpunkt dieser Untersuchung stehenden Faktors einer stärkeren Regionalisierung löst aber der Bereich der Krankenhausplanung keinen Reformbedarf aus, weil dort nicht nur den Impulsen aus der eingangs unternommenen Realanalyse entsprochen werden kann, sondern auch den grundgesetzlichen Vorgaben, insbesondere auch im Hinblick auf die Garantie der kommunalen Selbstverwaltung nach Art. 28 Abs. 2 GG (vgl. noch 3). Es bestehen insbesondere auch Spielräume für Ansätze koordinierenden und integrierenden Charakters im Hinblick auf die anderen Sektoren und Felder der Gesundheitsversorgung, und zwar zum einen unmittelbar über das Gestaltungsinstrument der Krankenhausplanung (vgl. noch sogleich) und zum anderen über die im Anschluss daran (b) zu schildernde kommunale Krankenhausträgerschaft.

Die Einzelheiten der Krankenhausplanung ergeben sich auch im Hinblick auf die Regionalisierungsfaktoren aus den jeweiligen Landeskrankenhausgesetzen, die hier nicht im Einzelnen nachgezeichnet werden können. Beispielhaft sei ein Blick auf die Gesetze in Nordrhein-Westfalen und in Baden-Württemberg geworfen. So muss nach § 12 Abs. 2 Satz 1 KHGG NRW[179] der Krankenhausplan den Stand und die vorgesehene Entwicklung der für eine ortsnahe, bedarfsgerechte, leistungsfähige und wirtschaftliche Versorgung der Bevölkerung erforderlichen Krankenhäuser ausweisen. Dabei müssen die Versorgungsangebote benachbarter Länder, die

---

176 Vgl. zuletzt BVerfGE 82, 209 (224 ff.); zu den Einzelheiten *Burgi*, NVwZ 2010, S. 603 ff.; ausführlich *Stollmann*, Krankenhausplanung, in: Huster/Kaltenborn, Krankenhausrecht, § 4; ferner *Degener-Hencke,* aaO, § 5.
177 *Friedrich*, Kommunaler Sicherstellungsauftrag zur Krankenhausversorgung, in: Huster/Kaltenborn, Krankenhausrecht, § 16A Rdnr. 36.
178 Klarsichtig *Ebsen*, G+S 2011, S. 48 ff.
179 Gesetz vom 11.12.2007 (GVBl., S. 702), zuletzt geändert durch G. v. 14.2.2012 (GVBl., S. 97).

Vielfalt der Krankenhausträger berücksichtigt und „regionale Planungskonzepte" (vgl. § 12 Abs. 2 Satz 2 KHGG NRW) aufgenommen werden. Insbesondere das Instrument der „regionalen Planungskonzepte" sichert hier in vorbildlicher Weise die Berücksichtigung regionaler Faktoren, und zwar auf der Grundlage von Rahmenvorgaben, die zuvor das Land nach § 13 KHGG festgelegt hat. Auf der Grundlage dieser Rahmenvorgaben erarbeiten die Krankenhausträger und die Verbände der Krankenkassen gemeinsam und gleichberechtigt das regionale Planungskonzept (vgl. § 14 Abs. 1 Satz 2 KHGG NRW). Zu Verhandlungen hierüber kann neben den Krankenhausträgern und den Verbänden der Krankenkassen auch die zuständige Planungsbehörde auffordern. Weitere Verfahrens- und Beteiligungserfordernisse sind in § 14 Abs. 3, 4 KHGG NRW beschrieben. Die regionalen Planungskonzepte werden nach § 16 schließlich Bestandteil des Krankenhausplans (vgl. § 14 Abs. 5 KHGG).[180]

In den meisten anderen Ländern erfolgt die Wahrung von Mitwirkungsrechten der Kommunen und der anderen Betroffenen über Krankenhausplanungsausschüsse. So sind etwa im Landeskrankenausschuss in Baden-Württemberg als Mitglieder neben Vertretern der Krankenhausgesellschaft, der Landesverbände der Krankenkassen und weiterer Vereinigungen auch jeweils der Landkreistag, der Städtetag und der Gemeindetag Baden-Württemberg mit je einem Vertreter beteiligt (vgl. § 9 Abs. 1 Nrn. 5 – 7 LKHG BW).[181] In diesem Landesgesetz wird in § 3 a explizit die Pflicht zur Zusammenarbeit der Krankenhäuser untereinander und mit anderen Diensten und Einrichtungen des Gesundheits- und Sozialwesens hervorgehoben.

Diese hier nur in Kürze geschilderten Vorgaben bieten somit zahlreiche Ansätze zur regionalen und insbesondere auch kommunalen Mitgestaltung, so dass auf der Ebene der Bundesgesetzgebung insoweit kein Reformbedarf identifiziert werden kann. Auf der Ebene der einzelnen Länder sollte die landespolitische Diskussion entlang der beispielhaft geschilderten Konzepte erfolgen und zu vergleichbaren Bestimmungen, d.h. zur Verankerung der „regionalen Planungskonzepte" und zur Beteiligung von kommunalen Vertretern in den einschlägigen Gremien, führen, soweit dies noch nicht der Fall ist.

b) Kommunale Krankenhausträgerschaft

Auch im Hinblick auf die Möglichkeiten der eigenen Leistungserbringung bietet der Krankenhaussektor qualitativ wie quantitativ ein weitaus höheres Maß zur re-

---

180 Zu den Einzelheiten vgl. *Schillhorn*, in: Ministerium für Arbeit, Gesundheit und Soziales des Landes NRW, S. 79 f.; *Stollmann*, in: Huster/Kaltenborn, § 4 Rdnr. 36.
181 Vom 29.11.2007 (GBl. 2008, S. 13), zuletzt geändert durch G. vom 25.1.2012 (GBl. 2012, S. 65).

gionalen und kommunalen Mitgestaltung. Trotz eines Rückgangs bei der Zahl der Häuser wie der Betten und eines steigenden Anteils der privaten Krankenhausträger liegt der Anteil der kommunalen Krankenhäuser (selbstverständlich nach Bundesländern unterschiedlich verteilt) doch bei rund einem Drittel, und wie *U. Friedrich* berichtet,[182] lagen die kommunalen Krankenhäuser etwa in Baden-Württemberg im Jahr 2005 bei einem Umsatzanteil von 33 Milliarden Euro, was ungefähr dem Volumen des gesamten bayerischen Staatshaushalts entspreche. Dabei unterliegt die Übernahme der Trägerschaft eines Krankenhauses ebenso wenig wie deren Beendigung nicht der freien kommunalpolitischen Entscheidung. Rechtsgrundlage der Krankenhausträgerschaft ist vielmehr die in allen Bundesländern im jeweiligen Landeskrankenhausgesetz statuierte kommunale Sicherstellungsverantwortung. So heißt es beispielsweise in § 3 Abs. 1 LKHG BW: „Wird die bedarfsgerechte Versorgung der Bevölkerung mit leistungsfähigen Krankenhäusern nicht durch andere Träger sichergestellt, so sind die Landkreise und Stadtkreise verpflichtet, die nach dem Krankenhausplan notwendigen Krankenhäuser und Krankenhauseinrichtungen zu betreiben." Der kommunale Sicherstellungsauftrag besteht demnach subsidiär, d.h. in Abhängigkeit von der Leistungsbereitschaft und –fähigkeit anderer Krankenhausträger. In diesem Umfang handelt es sich aber um eine kommunale Pflichtaufgabe.[183]

In Wahrnehmung dieser Sicherstellungsverantwortung, d.h. unter kraftvoller Betätigung sämtlicher mit der Krankenhausträgerschaft zusammenhängender Gestaltungsmöglichkeiten, können die Kommunen Versorgungsnetze mit anderen stationären oder ambulanten Einrichtungen bewirken, die Angebote der Prävention und der Rehabilitation einbeziehen, kurz: koordinierend und integrierend in einem Maße wirken, wie es für den rein ambulanten Bereich noch in ferner Zukunft liegt. Idealtypisch kann das jeweilige kommunale Krankenhaus die Spinne in einem von dort aus immer dichter gesponnenen Versorgungsnetz bilden.[184]

Angesichts dessen besteht kein Anlass zu kompetenzbezogenen Reformvorschlägen im Bereich der kommunalen Krankenhausträgerschaft. Anders als im ambulanten Bereich fehlt es hier nicht an den rechtlichen Kompetenzgrundlagen zur regionalisierten Mitgestaltung, eher (jedenfalls teilweise) am politischen Willen und der finanziellen Kraft der Kommunen, von diesen Möglichkeiten auch Gebrauch zu machen. Denn gegenwärtig wird das Thema der kommunalen Krankenhausträgerschaft vor allem als Privatisierungsthema diskutiert, weil infolge der als immer schwieriger empfundenen finanziellen Rahmenbedingungen zahlreiche Kommunen erwägen, ihre Krankenhausträgerschaft ganz oder teilweise zugunsten

---

182 In: Huster/Kaltenborn, Krankenhausrecht, § 16A Rdnr. 7.
183 Vgl. *Quaas*, KH 2001, S. 40 (42); allgemein zur Kategorie der kommunalen Pflichtaufgaben vgl. *Burgi*, Kommunalrecht, § 8.
184 Vgl. *Friedrich*, in: Huster/Kaltenborn, Krankenhausrecht, § 16A Rdnr. 35.

Privater aufzugeben bzw. dies auch schon getan haben. Die hierfür maßgeblichen ökonomischen Faktoren haben zahlreiche Wurzeln, die Veränderungen in verschiedenen Rahmenbedingungen des Gesundheitsrechts nahelegen, hier aber nicht diskutiert werden können.[185]

Es soll aber im Zusammenhang dieser Untersuchung deutlich betont werden, dass bei der jeweils in den zuständigen kommunalen Gremien zu treffenden Entscheidung über das Pro und Kontra einer Privatisierung des kommunalen Krankenhauses der Verlust an regionaler Gestaltungskompetenz im zuvor beschriebenen Sinne einen besonders wichtigen Entscheidungsparameter bilden sollte. Die Dogmatik des Privatisierungsrechts hat in den vergangenen Jahren herausgearbeitet, dass selbst bei einer erfolgten Privatisierung noch zahlreiche Möglichkeiten der Verantwortungswahrnehmung bestehen (sog. Privatisierungsfolgenverantwortung). Einen Bestandteil dieser Verantwortung bildet es auch, nach Einschaltung eines privaten Trägers (etwa im Zusammenhang mit einem Verkauf oder bei der Realisierung eines sog. PPP-Modells) dafür Sorge zu tragen, dass Vernetzung stattfindet, dass die unaufgebbare allgemeinpolitische Verantwortung der Kommune weiterhin realisierbar bleibt, kurz: dass die kommunale Sicherstellungsverantwortung auch nach einer Privatisierung noch erfüllt werden kann.[186] Ergänzend ist auch in solchen Fällen (ebenso wie in den Städten und Kreisen, in denen von vornherein keine kommunale Krankenhausträgerschaft bestanden hat) über die Mitwirkungsmechanismen des Krankenhausplanungsrechts (vgl. a) auf die Beachtung regionaler und kommunaler Belange zu achten.

3. Etwaige neue Strukturelemente

Orientiert man sich an der Linie, Reformen grundsätzlich innerhalb des Systemrahmens zu erörtern, dann besteht im Hinblick auf das gegenwärtig bereits bestehende Gestaltungspotential im Sinne einer regionalisierteren Gesundheitsversorgung im Krankenhaussektor kein normativer Handlungsbedarf. Wegen der Koordinierungsnotwendigkeiten und angesichts des (politisch nachvollziehbaren) Bestrebens der kommunalen Ebene, auch unter Inkaufnahme etwaiger Überversorgungsstrukturen Angebote im jeweiligen Gebiete aufrecht zu erhalten,[187] wäre es

---

185 Erster Überblick (aus kommunalpolitischer Sicht) *U. Friedrich*, in: Huster/Kaltenborn, Krankenhausrecht, § 16A Rdnr. 42 ff.; vgl. ferner *Hense*, in: Fehling/Ruffert, Regulierungsrecht, § 16 Rdnr. 186 f.
186 Vgl. aus der allgemeinen Privatisierungsdogmatik stellv. *Burgi*, in: Erichsen/Ehlers, Allgemeines Verwaltungsrecht, § 10 Rdnr. 35; speziell im Hinblick auf PPP-Modelle im Krankenhaussektor *Kaltenborn/Weiner*, in: Huster/Kaltenborn, Krankenhausrecht, § 15 Rdnr. 46 ff.; trefflich auch *Markmann/Firnkorn*, Einführung, in: Renz (Evangelische Akademie Bad Boll), Privatisierung in der stationären Versorgung, S. 5 f.
187 Vgl. bereits kritisch oben; ferner *Udsching*, in: Henneke, Verantwortung, S. 54 f.

namentlich nicht denkbar, die Aufgabe der Krankenhausplanung ganz oder teilweise auf kommunale Träger zu übertragen.

Lediglich (kritisch!) hingewiesen sei abschließend auf zwei potenzielle Reformoptionen, die in die umgekehrte Richtung, also zu weniger Regionalisierung bzw. zu weniger Landes- und Kommunalkompetenz führen würden. So wäre zum einen eine Zuordnung der Planungs- und/oder der Sicherstellungsverantwortung zu den Gesetzlichen Krankenkassen und/oder weiteren Trägern der sozialen Selbstverwaltung (also unter Orientierung an der bisherigen Kompetenzverteilung im ambulanten Sektor) weder politisch realistisch noch angesichts der Garantie der kommunalen Selbstverwaltung nach Art. 28 Abs. 2 GG verfassungsrechtlich ohne weiteres möglich. Denn der damit verbundene Eingriff jedenfalls in den Randbereich der kommunalen Selbstverwaltung (vgl. Teil 1 C II) erscheint angesichts der jedenfalls *auch* bestehenden Vorzüge des gegenwärtigen Kompetenzverteilungssystems im Krankenhausbereich nicht rechtfertigungsfähig. Dies gilt erst recht für die Überlegung, mit den Aufgaben der Krankenhausplanung eine Bundes-Regulierungsbehörde zu betrauen.[188] Da ein solcher Vorschlag nur auf der Grundlage des SGB V, d.h. durch Bundesgesetz durchgeführt werden könnte, wäre überdies das Bestehen der Gesetzgebungskompetenz in hohem Maße problematisch.[189] Eine andere, hier nicht zu vertiefende Frage ist es, ob im Hinblick auf die Qualitätssicherung und die nähere Bestimmung der erforderlichen Leistungsdichte stärkere Kompetenzen zugunsten des Gemeinsamen Bundesausschusses eröffnet werden sollten.[190]

Auf die Schutzwirkung der Garantie der kommunalen Selbstverwaltung nach Art. 28 Abs. 2 GG sei schließlich auch in Anbetracht der (gegenwärtig allerdings weitgehend verstummten) Diskussion um die etwaige Überwindung des dualistischen Systems der Krankenhausfinanzierung (vgl. B II 1) zugunsten einer monistischen,[191] d.h. ausschließlich von den Gesetzlichen Krankenkassen getragenen Finanzierung (mit dementsprechenden Gestaltungs- und Bestimmungsrechten zu-

---

188 So aber *Höfling*, GesR 2007, S. 289 (292 f.).
189 Erste Überlegungen hierzu bei *Ebsen*, G+S 2011, S. 49, der darauf hinweist, dass auf der Grundlage des Kompetenztitels des Art. 74 Abs. 1 Nr. 12 GG („Sozialversicherung") jedenfalls nicht Entscheidungen auch mit Wirkung für die nicht in der GKV versicherten Personen getroffen werden könnten; ablehnend zu diesem Reformvorschlag auch *Becker/ Schweitzer*, DJT-Gutachten, S. 126 f., die weitere wettbewerbspolitisch motivierte Reformvorschläge erörtern, diese im Ergebnis aber ebenfalls verwerfen.
190 Dies erörtern *Ebsen*, G+S 2011, S. 51, und *Pitschas*, VSSR 2012, S. 179; zur bereits gegenwärtigen Problematik der Abgrenzung der Kompetenzen des GBA einerseits, der Landes-Krankenhausplanung andererseits sub specie der Festlegung von sog. Mindestmengen; vgl. *Stollmann*, GesR 2012, S. 279.
191 Entsprechende politische Überlegungen sind referiert bei *Hense*, in: Fehling/Ruffert, Regulierungsrecht, § 16 Rdnr. 203 f.; *Pitschas*, VSSR 2012, S. 174; *Lambrecht/Vollmöller*, Rechtsfragen der Krankenhausprivatisierung, in: Huster/Kaltenborn, Krankenhausrecht, § 14 Rdnr. 1, 29 ff.; *Becker/Schweitzer*, DJT-Gutachten, S. 125 f.

gunsten der Gesetzlichen Krankenkassen und zulasten der Länder und Kommunen) hingewiesen. Die hiermit verbundene Eliminierung der Planungs- und Investitionsförderkompetenz der Länder und des (wenn auch subsidiären) örtlichen Sicherstellungsauftrags der Kommunen würde ferner die Kompetenzvorschrift des Art. 84 Abs. 1 GG auf den Plan rufen.[192]

III. Sektorenübergreifende Strukturelemente

Dass zwischen dem ambulanten und dem stationären Sektor im herkömmlichen Sinne mittlerweile verschiedene Verzahnungen auf der Ebene der Leistungserbringung bestehen, ist im Abschnitt über die Krankenhausversorgung (II vor 1) bereits beschrieben worden. In diesem Zusammenhang ist auch auf die darauf bezogenen Strukturelemente (z.B. im Kontext der Selektivverträge nach § 116b SGB V) aufmerksam gemacht worden. In diesem, den Abschnitt über die kurative Medizin abschließenden Teil soll es nicht um diese Erscheinungsformen von Verzahnungen auf der Ebene der Leistungserbringung gehen, sondern darum, ob es ein Strukturelement gibt bzw. künftig geben kann, das sich der Leistungserbringung in den Sektoren widmet, wo diese (noch) nicht bereits als solche verzahnt ist. Ein solches Strukturelement bildet seit Inkrafttreten des GKV-VStG das sog. Gemeinsame Landesgremium nach § 90a SGB V.

1. Veränderte Kompetenzzuordnung für das bestehende Strukturelement „Gemeinsames Landesgremium"?

Gemäß § 90a Abs. 1 Satz 1 SGB V ist dieses Gremium von Bundesrechts wegen besetzt mit „Vertretern des Landes, der Kassenärztlichen Vereinigung, der Landesverbände der Krankenkassen sowie der Ersatzkassen und der Landeskrankenhausgesellschaft"; hinzutreten können „weitere Beteiligte". Das SGB V ordnet somit keine Pflicht zur Schaffung eines solchen Gremiums auf Landesebene an und es ordnet auch nicht selbst an, dass Vertreter der Kommunen dort mitwirken können.

Daraus ergibt sich als erste Reformempfehlung zugunsten eines Mehr an Regionalisierung fast schon automatisch, dass § 90a Abs. 1 Satz 1 SGB V ergänzt werden sollte um eine Pflicht zur Schaffung dieses Gremiums, unabhängig von

---

192 Vgl. insoweit hier nur *Burgi/Maier*, DÖV 2000, S. 579 (allerdings noch zum Rechtsstand vor der Föderalismusreform); *Degenhart*, in: Sachs, GG, Art. 74 Rdnr. 90.

etwaigenfalls anderslautenden landesgesetzgeberischen Vorstellungen.[193] Im Zusammenhang damit sollte auch angeordnet werden, dass zu den „weiteren Beteiligten" jedenfalls Vertreter der Kommunen (entsandt über die kommunalen Spitzenverbände) gehören müssen. Gegenwärtig hängt auch dies vom Vorhandensein eines entsprechenden politischen Willens auf der Ebene der jeweiligen Landesgesetzgebung ab, die dem gegenwärtigen Eindruck nach hier nur sehr zögerlich zu Werke geht. Dies ist außerordentlich unbefriedigend, da das „Gemeinsame Landesgremium" nach § 90a SGB V ein interessantes Strukturelement ist, das in dem Maße an Bedeutung gewinnen wird, in dem die jeweils in den Sektoren getroffenen Entscheidungen nicht abschließend sind, sondern wenn durch dort erfolgende Änderungen (sei es bei der Rechtslage, sei es im Bewusstsein der Akteure) mehr Freiräume entstehen, die dann durch ein der Koordination gewidmetes Gremium auch inhaltlich mit Leben gefüllt werden können.[194] In dem Fall, dass eine Änderung des SGB V nicht erfolgen würde, ist dringend an die Landesgesetzgeber zu appellieren, Vorschriften über die Bildung des Gemeinsamen Landesgremiums und vor allem über die Aufnahme kommunaler Vertreter zu schaffen.

Gemäß § 90a Abs. 1 Satz 2 SGB V ist das Gremium von Bundesrechts wegen zur Abgabe von „Empfehlungen zu sektorenübergreifenden Versorgungsfragen" berechtigt. Gemäß Abs. 2 ist es dann wiederum dem Landesrecht überlassen vorzusehen, dass es konkret Stellung nehmen darf „zu der Aufstellung und der Anpassung der Bedarfspläne nach § 99 Abs. 1 und zu den von den Landesausschüssen zu treffenden Entscheidungen nach § 99 Abs. 2, § 100 Abs. 1 Satz 1 und Abs. 3 sowie § 103 Abs. 1 Satz 1 SGB V". Auch hier geht mein Reformvorschlag dahin, die Berechtigung zur Abgabe von Stellungnahmen nicht in das Belieben der Landesgesetzgebung zu stellen, sondern diese bereits im SGB V vorzuschreiben. Ebenso wichtig ist es, idealerweise auf der Ebene des SGB V, hilfsweise auf der Ebene der jeweiligen Landesgesetzgebung ausdrücklich festzustellen, dass die Nichtberücksichtigung einer abgegebenen Stellungnahme die daraufhin getroffenen Entscheidungen (etwa bei der Aufstellung eines Bedarfsplans nach § 99 Abs. 1 SGB V) rechtswidrig werden lässt (in formeller Hinsicht). Dies wird bereits für die bestehende Rechtslage vertreten,[195] könnte aber zur Ausschaltung künftiger Zweifel ausdrücklich im Gesetz verankert werden. Wichtig wäre ferner eine ausdrückliche Regelung dahin, dass sowohl die Abgabe von Empfehlungen als auch (und

---

193 In diese Richtung wohl auch *Pitschas*, VSSR 2012, S. 180; dazu, dass ohne eine entsprechende landesgesetzliche Regelung das Gremium nicht existieren würde *Beier*, in: juris PK-SGB V, § 90a Rdnr. 6.
194 Dazu, dass die Kompetenzen des Gemeinsamen Landesgremiums so gleichsam akzessorisch zur künftigen materiellen Regionalisierung wachsen können, vgl. *Reumann*, Der Landkreis 2012, S. 234.
195 Von *Möller*, SGb 2011, S. 523; *Kaltenborn*, in: Becker/Kingreen, SGB V, § 90a Rdnr. 2; *Beier*, in: juris PK-SGB V, § 90a Rdnr. 12.

erst recht) die Gelegenheit zur Stellungnahme in das jeweilige Verfahren der Beschlussfassung auf sektoraler Ebene (also beispielsweise im Zusammenhang mit der Aufstellung von Bedarfsplänen) explizit integriert werden muss, um zu erreichen, dass die entsprechenden Äußerungen des Gemeinsamen Landesgremiums die sektoralen Sachentscheidungen tatsächlich beeinflussen können und nicht lediglich einen zusätzlichen (und damit überflüssigen) Bürokratieaufwand verursachen. Über § 92 Abs. 7 e SGB V ist erfreulicherweise bereits sichergestellt, dass durch die zwei Vertreter der Länder, vermittels derer die Länder ein Mitberatungsrecht im Gemeinsamen Bundesausschuss haben, wichtige Ergebnisse aus dem Gemeinsamen Landesgremium auch auf diese Ebene weitergetragen werden können.[196]

Sowohl die Hinzunahme kommunaler Vertreter als weitere Beteiligte als auch die Verankerung einer Pflicht zur Schaffung eines Gemeinsamen Landesgremiums würde in funktionsgerechter, d.h. den Erkenntnissen der Realanalyse Rechnung tragender Weise ein Stück mehr Regionalisierung ermöglichen. Gleichzeitig könnte dadurch wiederum der bestehende Eingriff in den Randbereich der Garantie der kommunalen Selbstverwaltung nach Art. 28 Abs. 2 GG abgeschwächt werden; den Kommunen würde sich eine Möglichkeit zur Einflussnahme auf das sektorenübergreifende Versorgungsgeschehen eröffnen.

2. Etwaige neue Strukturelemente

Auf Grund der Beschränkung der Befugnisse des Gemeinsamen Landesgremiums auf Empfehlungen und Stellungnahmen fehlt ihm eine eigene Planungskompetenz.[197] Diese könnte dadurch geschaffen werden, dass dem Gemeinsamen Landesgremium Entscheidungsbefugnisse übertragen werden, was wiederum bedeuten würde, dass ihm einige Kompetenzen zugeordnet werden müssten, die bislang bei Gremien innerhalb der Sektoren (insbesondere etwa beim Landesausschuss für die vertragsärztliche Versorgung) liegen.[198] Dies würde es erforderlich machen, auch entsprechende finanzielle Gestaltungsmöglichkeiten zu eröffnen, etwa in Einrichtung eines Fonds, über den das Gemeinsame Landesgremium frei entscheiden könnte. Auf der Grundlage der bislang angestellten Überlegungen wäre die Schaffung von Entscheidungsbefugnissen zugunsten des Gemeinsamen Landesgremiums indes nicht funktionsgerecht. Wie bereits im Hinblick auf den (ebenfalls abgelehnten) Vorschlag der Schaffung von Mitentscheidungsrechten zugunsten der Länder (oder gar der Kommunen) bei der Aufstellung von Bedarfsplänen festge-

---

[196] Darauf macht *Beier*, in: juris PK-SGB V, § 90 a Rdnr. 9, aufmerksam.
[197] Ebenso *Möller*, SGb 2011, S. 561.
[198] Eine dahingehende Überlegung wird aufgeworfen von *Weisweiler*, in: Pitschas, S. 13 (17).

stellt (B I 2 a), würde hiermit eine neue Aufgabe begründet, die der finanziellen Verantwortungsverteilung innerhalb der Sektoren nicht gerecht würde. Der dort bereits gemachte Einwand, dass die Unklarheit in der Verteilung der Rollen dadurch weiter verschärft würde, müsste erst recht im Hinblick auf das Gemeinsame Landesgremium gelten, solange die gegenwärtige Kompetenzverteilung in den beiden betroffenen Sektoren (vertragsärztliche Versorgung und Krankenhausversorgung) unverändert bliebe.

Durch ein (wie zu 1 vorgeschlagen) strukturiertes Recht zur Abgabe von Empfehlungen und Stellungnahmen kann hingegen in realistischerer Zeit dasjenige Maß an Koordinierung erreicht werden, das bei einer ja unverändert sektoralen Aufteilung innerhalb der kurativen Medizin überhaupt nur zu erreichen ist. Die Schaffung eines Mitentscheidungsrechts würde zum gegenwärtigen Zeitpunkt in Bezug auf die kurative Medizin m.E. zu weit greifen und überdies möglicherweise verfassungsrechtliche Probleme im Hinblick auf die Verteilung der Gesetzgebungskompetenzen für den Bereich der vertragsärztlichen Versorgung einerseits, den Bereich der Krankenversorgung andererseits provozieren.[199]

C. Rehabilitation

Während die Prävention darauf abzielt, Krankheiten zu vermeiden und gesund zu bleiben, und die kurative Medizin das Ziel verfolgt, einen akut krankhaften Zustand ursächlich zu behandeln, geht es bei der Rehabilitation darum, eine drohende Behinderung[200] abzuwenden oder eine bestehende Funktions- oder Fähigkeitsstörung – oft in Folge einer Erkrankung – zu lindern bzw. möglichst umfassend zu kompensieren, um eine Wiedereingliederung in die Gesellschaft zu erreichen.[201]

---

199 Dementsprechende Überlegungen sind bereits geäußert worden von *Hess*, ZGMR 2011, S. 210, und von *Stollmann*, in: Pitschas, Versorgungsstrukturen im Umbruch, S. 55 (61). Ihnen ist im Hinblick auf das in dieser Untersuchung vorgeschlagene felderübergreifende Gesundheitsversorgungsgremium näher nachzugehen (Teil 3 C).
200 Legaldefiniert in § 2 Abs. 1 SGB IX.
201 Vgl. *Schliehe*, ZSR 1997, S. 439 (443).

I. Bestehende Strukturelemente und Kompetenzordnung

1. Beschreibung

Seit nunmehr über zehn Jahren ist die Rehabilitation im Neunten Sozialgesetzbuch verankert.[202] Dabei bestimmt § 6 Abs. 1 SGB IX zunächst eine ganze Reihe von Trägern der Sozialverwaltung zu Rehabilitationsträgern. Als da wären im Einzelnen: Die Gesetzlichen Krankenkassen, die Bundesagentur für Arbeit, die Gesetzlichen Unfallversicherungsträger, die Rentenversicherungsträger, die Träger der öffentlichen Jugendhilfe und der Sozialhilfe sowie der Kriegsopferversorgung – insgesamt damit rund 1.000 verschiedene Träger[203], die sich – im Rahmen ihrer jeweiligen Zuständigkeit[204] – um die Versorgung der Betroffenen kümmern. Dabei sind mit den örtlichen Trägern der öffentlichen Jugendhilfe sowie der Sozialhilfe auch die Kommunen mit an Bord, denen in den Ländern flächendeckend diese Rolle zugewiesen wird[205] (vgl. z.B. etwa Art. 80 Abs. 1 S. 1 BayAG-SG)[206].

Die Rehabilitationsträger sind gem. § 17 Abs. 1 S. 2 SGB IX für „die Ausführung der Leistungen verantwortlich", müssen diese aber nicht selbst ausführen, sondern können sich dazu auch Dritter bedienen (vgl. Satz 1). Ihnen obliegt demnach nur eine Gewährleistungspflicht.[207] Dieser Sicherstellungsauftrag wird in § 19 Abs. 1 S. 1 SGB IX dahingehend konkretisiert, dass die Rehabilitationsträger die „fachlich und regional erforderlichen Rehabilitationsdienste und -einrichtungen" vorhalten müssen. Damit sind sowohl Einrichtungen der ambulanten Rehabilitation wie auch solche stationärer Art gemeint, in denen Ärzte Dienst tun (vgl. § 26 Abs. 2 Nr. 1 SGB IX). Ausdrücklich hält das Gesetz die Akteure dazu an, bei dieser Bedarfssteuerung „gemeinsam" vorzugehen und auch Bund und Länder sowie interessierte Verbände mit einzubeziehen[208]. Detaillierte Vorgaben zum Sys-

---

[202] Gesetz vom 16.6.2001 (BGBl. I, S. 1046), zuletzt geändert durch Gesetz vom 12.4.2012 (BGBl. I, S. 579).
[203] Zahl nach *Schmidt am Busch*, Gesundheitssicherung, S. 393. Der größte Anteil entfällt demnach auf die diversen Krankenkassen sowie Unfallversicherungsträger.
[204] Diese richtet sich grds. nach dem „Prinzip der Risikozuordnung", wonach die Rehabilitation dem Träger zugeordnet wird, der auch das finanzielle Risiko des Scheiterns trägt. So soll bspw. in der Rentenversicherung der Bezug einer Erwerbsminderungsrente vermieden werden, vgl. hierzu *Schliehe*, ZSR 1997, S. 439 (442) sowie allgemein zum Vorrang der Rehabilitation vor Rente und Pflege *Schütte*, ZSR 2004, S. 473.
[205] *Vorholz*, in: Henneke, Verantwortung, S. 86. Während in Folge der Föderalismusreform I die unmittelbare Bestimmung der Kreise und kreisfreien Städte zu Leistungsträgern in § 69 SGB VIII aufgrund des Aufgabenübertragungsverbots in Art. 84 Abs. 1 S. 7, 85 Abs. 1 S. 2 GG aufgehoben wurde, besteht sie in § 3 Abs. 2 SGB XII (auf der Grundlage von Art. 125 a Abs. 1 S. 1 GG) übrigens weiter fort.
[206] Gesetz vom 10.7.2006 (GVBl., S. 356).
[207] Vgl. *Schmidt am Busch*, Gesundheitssicherung, S. 390.
[208] Der Gesetzesbegründung (BT-Drs. 14/5074, S. 105) zufolge sollte auch die kommunale Ebene mit einbezogen werden („dabei sollte auch die Einbringung kommunalen Sachverstands gesichert werden").

tem der Bedarfsdeckung macht das Gesetz jedoch nicht. Diese sind aber auch zumindest im Hinblick auf den ambulanten Sektor nicht notwendig, sorgt doch in diesem Fall bereits die Bedarfsplanung der Kassenärztlichen Vereinigung aus der Gesetzlichen Krankenversicherung (§ 72 ff. SGB V) für eine – im Ideal- und derzeit auch noch Normalfall – ausreichende Versorgung mit Ärzten.[209] Bezüglich der stationären Einrichtungen, die grundsätzlich erst in Betracht kommen, wenn eine ambulante Behandlung gem. § 19 Abs. 2 SGB IX nicht mindestens gleich geeignet erscheint, haben die Rehabilitationsträger die Möglichkeit, mit interessierten Partnern gem. § 21 Abs. 1 SGB V Verträge abzuschließen oder aber diese gem. § 19 V SGB IX zunächst mit finanziellen Fördermitteln zu „ködern" sowie schließlich selbst derartige Einrichtungen zu unterhalten.[210]

Weiterhin sind die Rehabilitationsträger gem. § 20 Abs. 1 SGB IX aufgefordert, „gemeinsame Empfehlungen zur Sicherung und Weiterentwicklung der Qualität" zu vereinbaren, an denen sich die Leistungserbringer dann orientieren müssen. Diese Empfehlungen werden gem. § 20 Abs. 3 SGB IX von der Bundesarbeitsgemeinschaft für Rehabilitation, einer privatrechtlichen Vereinigung, erarbeitet, die sich vor allem aus den Spitzenverbänden der Rehabilitationsträger zusammensetzt.

Diese Qualitätskriterien müssten dann auch die Kommunen erfüllen, wenn sie mit eigenen Einrichtungen an der Rehabilitation mitwirken wollen. Davon und von dem nicht präzise geklärten Beteiligungsrecht bei der Bedarfsplanung sowie der örtlichen Trägerschaft für die Jugend- und Sozialhilfe abgesehen, haben die Städte und Gemeinden sonst keine Kompetenz auf diesem Gebiet.

2. Beurteilung

Obwohl es auch im Bereich der Rehabilitation wieder eine Vielzahl an Akteuren gibt, erscheint die Situation hier deutlich geordneter als bei der Prävention und Gesundheitsförderung. Das in der Vergangenheit angeführte Argument, wonach das gegliederte System unter „Schnittstellenproblemen"[211] leide und dadurch wenig effizient wäre, hat sich spätestens mit der Einführung des § 14 SGB IX abgeschwächt, der fortan jedem Leistungsberechtigten auf schnellem Wege, notfalls mittels Zuständigkeitsfiktion, einen Rehabilitationsträger zuordnet.[212]

Auch das im Rahmen der Prävention kritisierte Auseinanderfallen von Kostentragung für und Profitieren von einer Maßnahme ist aufgrund des weitgehend beachteten Prinzips der Risikozuordnung hier nicht allzu virulent.

---

209 *Schmidt am Busch*, Gesundheitssicherung, S. 386.
210 *Schneider*, in: Hauck/Noftz, SGB IX, § 19 Rdnr. 7.
211 *Schliehe*, ZSR 1997, S. 439 (440).
212 Zum Sonderproblem des „tatsächlich unzuständigen Rehabilitationsträgers" siehe *Vorholz*, in: Henneke, Verantwortung, S. 86 (97 f.).

Wenn auch die Länder und Kommunen keinen großen Einfluss auf die Geschicke im Bereich der Rehabilitation haben, so muss man dennoch aus der Regionalisierungsperspektive positiv anmerken, dass der Sicherstellungsauftrag in § 19 Abs. 1 S. 1 SGB IX explizit auch die „regional erforderlichen" Rehabilitationsbedarfe in den Fokus rückt.

II. Reformvorschläge

1. Veränderte Kompetenzzuordnung für bestehende Strukturelemente

Zunächst sollte eine gesetzgeberische Klarstellung zur Rolle der Kommunen bei der Bedarfssteuerung in der Rehabilitation erfolgen. Wie schon in der Gesetzesbegründung zu § 19 SGB IX erwähnt,[213] wollte der Gesetzgeber auch kommunalen Sachverstand und kommunale Problemerkenntnis in die Debatte einfließen lassen, hat dies in der konkreten Fassung der Norm aber versäumt zum Ausdruck zu bringen.[214] Sollte der Bundesgesetzgeber eine derartige Reform ablehnen oder diese nicht umsetzbar sein, wäre alternativ auf Landesebene eine Lösung anzustreben, die die ja jedenfalls bei der Bedarfsplanung beteiligten Länder verpflichten würde, vorab auch die Einschätzungen der Kommunen (gebündelt über deren Spitzenverbände) zu ermitteln, um diese in die Beratungen mit den Rehabilitationsträgern und dem Bund mit einfließen zu lassen.

Ähnliches gilt für ein Mitberatungsrecht bei der Bundesarbeitsgemeinschaft für Rehabilitation, die gem. § 20 Abs. 3 S. 1 SGB IX die gemeinsamen Empfehlungen zu den Qualitätsstandards vorbereitet. Diese hat bereits qua Gesetz (§ 20 Abs. 3 S. 2 SGB IX) eine Reihe von Interessensvertretern zu beteiligen, jedoch nicht die kommunalen Spitzenverbände. Hier wäre eine entsprechende Ergänzung aus Sicht einer stärkeren Regionalisierung zu begrüßen. Alternativ bestünde auch hier die Option einer landesrechtlichen Lösung im Sinne eines Abstimmungsgebotes mit der kommunalen Ebene, da die 16 Bundesländer allesamt Mitglieder der Bundesarbeitsgemeinschaft für Rehabilitation sind oder man setzt sich gar dafür ein, die kommunalen Spitzenverbände ebenfalls aufzunehmen – in Anbetracht weiterer Mitglieder wie dem Deutschen Gewerkschaftsbund oder der Bundesvereinigung der Deutschen Arbeitgeberverbände sicherlich kein allzu exotischer Vorschlag.[215]

---

213 Vgl. bereits Fn. 208.
214 *Schmidt am Busch*, Gesundheitssicherung, S. 391.
215 Eine Übersicht aller Mitglieder der Bundesarbeitsgemeinschaft für Rehabilitation findet sich auf ihrer Internetseite: www.bar-frankfurt.de.

2. Etwaige neue Strukturelemente

Neue Strukturelemente sind in der wissenschaftlichen Diskussion im Rehabilitationsbereich bislang dagegen nicht ersichtlich und erscheinen m.E. auch nicht angezeigt.

D. Pflege

Aufgabe der Pflegeversicherung ist es gemäß § 1 Abs. 4 SGB XI, „Pflegebedürftigen Hilfe zu leisten". Als pflegebedürftig gilt dabei, wer aufgrund einer körperlichen, geistigen oder seelischen Funktionsstörung dauerhaft bei alltäglichen Verrichtungen (z.b. Körperpflege oder Ernährung) erheblicher Unterstützung bedarf (vgl. § 14 SGB XI). Dieser sozialversicherungsrechtliche Pflegebegriff ist gleichwohl nur ein Ausschnitt aus der umfassenden Problematik, die mit der Alterung der Gesellschaft einhergeht und über die Leistungen nach dem Elften Buch des Sozialgesetzbuches hinaus ein breites Handlungsspektrum eröffnet, zumal auch im Fall der Pflege Aufgaben der Prävention und der Rehabilitation anfallen.[216] Im vorliegenden Zusammenhang kann es nicht darum gehen, den seinerseits hochkomplexen Pflegesektor vollständig auszuleuchten, wohl aber sollen Schnittstellen zu den anderen Feldern identifiziert und die kommunale Verantwortung betrachtet werden.

I. Der Struktur- und Finanzierungsrahmen im Überblick

1. Rechtsrahmen

Eingeführt wurde die Pflegeversicherung als neue fünfte Säule der Sozialversicherung nach rund zwanzigjähriger politischer wie juristischer Diskussion mit Wirkung zum 1. Januar 1995 (SGB XI, zuletzt geändert durch das Pflege-Neuausrichtungs-Gesetz vom 23.10.2012[217]). Davor war die Pflegebedürftigkeit als einziges großes gesellschaftstypisches Lebensrisiko nicht öffentlich-rechtlich abgesichert, sondern – mit Ausnahmen etwa bei Arbeitsunfällen, die von der Unfallversicherung übernommen wurden – Privatsache, d.h. die Betroffenen oder deren Kinder mussten selbst für die erforderliche Unterstützung aufkommen, nur subsi-

---

[216] Vgl. *Vorholz*, in: Henneke, Verantwortung, S. 86 (92 f.); *Waldhoff*, in: Henneke, S. 69 (70).
[217] Gesetz v. 26.5.1994 (BGBl. I, S. 1014), zuletzt geändert durch Gesetz v. 23.10.2012 (BGBl. I, S. 2246); vgl. zur Entstehungsgeschichte *Waltermann*, Sozialrecht, Rdnr. 207 f.; ausführlich *Igl*, VSSR 1994, S. 261.

diär sprangen die Kommunen als Sozialhilfeträger ein.[218] Die Sicherstellungs- und Infrastrukturverantwortung war bis zur Einführung der Pflegeversicherung gar nicht gesetzlich geregelt, vielmehr nahmen sich die Kommunen ihrer als Angelegenheit der örtlichen Gemeinschaft an.[219]

Durch die Reform der Jahre 1994/1995 wurde die pflegerische Versorgung in § 8 SGB XI zur „gesamtgesellschaftliche(n) Aufgabe" erklärt, zu deren Erfüllung Länder, Kommunen, Pflegeeinrichtungen und Pflegekassen im Hinblick auf eine „regional gegliederte, ortsnahe" Versorgung eng zusammenarbeiten,[220] und der Sicherstellungsauftrag sodann gemäß §§ 12 Abs. 1 S. 1, 69 SGB XI den neu geschaffenen Pflegekassen als Träger der Pflegeversicherung zugewiesen. Diese sind bei den jeweiligen Krankenkassen eingerichtet worden (vgl. § 46 Abs. 1 SGB XI) und bedienen sich deren Organen, sind gleichwohl aber eigene öffentlich-rechtliche Körperschaften (vgl. § 46 Abs. 2 SGB XI).

Die Infrastrukturverantwortung ist gem. § 9 S. 1 SGB XI den Ländern überantwortet, wobei es sich hierbei um eine deklaratorische Feststellung handelt, da die Pflegeinfrastruktur schon mangels kompetenzieller Grundlage im Grundgesetz in den Zuständigkeitsbereich der Länder fällt.[221] Am Sicherstellungsauftrag der Pflegekassen ändert diese Vorschrift jedenfalls nichts, diesen müssen sie auch erfüllen, wenn die Länder ihrer Verantwortung für die pflegerische Infrastruktur nicht nachkommen, notfalls mit eigenem Personal (vgl. § 77 Abs. 2 SGB XI).[222]

Im Regelfall stellen die Pflegekassen die Versorgung gemäß § 69 S. 2 SGB XI durch den Abschluss von Versorgungsverträgen mit Pflegediensten und Pflegeheimen (vgl. zu beiden vgl. § 71 SGB XI) sowie sonstigen Leistungserbringern, insbesondere selbständigen Pflegekräften (vgl. § 77 Abs. 1 SGB XI). Hierbei ist auf einen Trägerpluralismus aus kirchlichen, freigemeinnützigen privaten und öffentlichen Akteuren zu achten (vgl. § 69 S. 3 SGB XI).[223] Ferner gilt, einerseits aus finanziellen Gründen, aber auch, weil die Betroffenen regelmäßig selbst eine Versorgung im vertrauten häuslichen Umfeld wünschen – der Grundsatz „ambulant

---

218 Vgl. *Waltermann*, Sozialrecht, Rdnr. 207; *Udsching*, in: Henneke, Kommunale Verantwortung, S. 48 ff.
219 Vgl. *Waldhoff*, in: Henneke, Verantwortung, S. 69 (76).
220 *Vorholz*, in: Henneke, Verantwortung, S. 86 (92), spricht diesbezüglich von einem „sozialpolitischen Programmsatz", aus dem sich keine konkreten Handlungsaufträge oder Verantwortlichkeiten ableiten ließen. *Hense*, in: Fehling/Ruffert, Regulierungsrecht, § 16 Rdnr. 48, findet diese appellativen Zielvorgaben „kryptisch". Gleichwohl greifen die meisten Landespflegegesetze den Kooperationsgedanken auf und erweitern ihn teilweise noch (vgl. etwa § 1 Abs. 2 LPflG NRW, der zusätzlich die „Seniorenvertretungen und die Vertretungen der Pflegebedürftigen" nennt sowie in § 3 LPflG NRW auch eine felderübergreifende Zusammenarbeit mit Krankenhäusern und Rehabilitationseinrichtungen vorsieht).
221 Vgl. *Waldhoff*, in: Henneke, Verantwortung, S. 69 (75); *Behrend*, in: Udsching, SGB XI, § 9 Rdnr. 2.
222 Vgl. *Udsching*, in: Henneke, Verantwortung, S. 48.
223 Zu diesem „wohlfahrtskorporatistischen System" vgl. auch *Hense*, in: Fehling/Ruffert, Regulierungsrecht, § 16 Rdnr. 5.

vor stationär" (vgl. § 3 SGB XI)[224]. Der Versorgungsvertrag konstituiert sodann die Versorgungspflicht des jeweiligen Leistungserbringers, wobei die Beteiligten an die Rahmenverträge über Inhalt und Bedingungen der Pflege gem. § 75 Abs. 1 SGB XI gebunden sind. Der Versorgungsvertrag berechtigt den Leistungserbringer, seine Leistungen mit der zuständigen Pflegekasse abzurechnen (vgl. § 72 Abs. 4 SGB XI; zum Finanzierungsrahmen vgl. noch sogleich). Vertragspartner der Pflegeeinrichtungen sind auf Seiten der Pflegekassen gemäß § 72 Abs. 2 S. 1 SGB XI deren Landesverbände (vgl. § 52 Abs. 1 S. 1 SGB XI),[225] wodurch ein Zulassungsvertrag mit nur einer Kassenart ausgeschlossen wird.[226] Zudem muss nach § 72 Abs. 2 S. 1 SGB XI grundsätzlich Einvernehmen mit den überörtlichen Trägern der Sozialhilfe (teilweise sind dies die Länder selbst, oft auch Kommunalverbände wie die Bezirke in Bayern oder die Landschaftsverbände in Nordrhein-Westfalen)[227] hergestellt werden.

Abschließend soll noch ein Blick auf den Finanzierungsrahmen im Bereich der Pflegeversicherung geworfen werden. Dabei ist grundsätzlich zwischen den Betriebskosten und den Investitionskosten zu unterscheiden (vgl. auch § 82 SGB XI). Während erstere durch die Pflegevergütung der Pflegekassen bzw. durch die Pflegebedürftigen selbst erbracht werden, sind die Investitionskosten zunächst den Ländern überantwortet (vgl. auch § 9 S. 2 SGB XI), weshalb von einer dualen Finanzierung gesprochen wird. Allerdings sind die Länder anders als im Krankenhaussektor (vgl. B II 1) nicht zur Förderung verpflichtet, schon gar nicht zu einer Vollförderung der kompletten Investitionskosten.[228] Bei der konkreten Umsetzung in den Landespflegegesetzen lassen sich grundsätzlich zwei Zuwendungsformen unterscheiden: Zum einen die (institutionelle, auf die Pflegeeinrichtung bezogene) Objektförderung[229], zum anderen die (personenbezogene) Subjektförderung[230], wobei letztere eher dem wettbewerblichen Ansatz der Gesetzlichen Pflegeversicherung entsprechen dürfte.[231]

---

224 Vgl. *Udsching*, in: Henneke, Kommunale Verantwortung, S. 63 f.; *Hense*, in: Fehling/Ruffert, Regulierungsrecht, § 16 Rdnr. 14, 19, spricht daher von einer „Tendenz zur Ambulantisierung".
225 Zudem sollen gemäß § 75 Abs. 6 S. 1 SGB XI der Spitzenverband Bund der Pflegekassen und die Bundesvereinigungen der Einrichtungsträger, u.a. unter Beteiligung der Bundesvereinigung der kommunalen Spitzenverbände, Empfehlungen zum Inhalt solcher Rahmenverträge erarbeiten.
226 Vgl. *Schütze*, in: Udsching, SGB XI, § 72 Rdnr. 15.
227 *Vorholz*, Henneke, Verantwortung, S. 86 (89).
228 *Igl*, NJW 1994, S. 3185 (3186), spricht davon, dass die Investitionsförderung weitgehend dem „Gutdünken der Länder" überlassen sei; für *Hense*, in: Fehling/Ruffert, Regulierungsrecht, § 16 Rdnr. 115, handelt es sich daher um eine „pseudo- oder unechte Einrichtungsfinanzierung".
229 Vgl. z.B. Art. 74 BayAG-SG; §§ 7-9 LPflG BW.
230 Vgl. z.B. §§ 11, 12 LPflG NRW; §§ 7, 10 NdsPflG.
231 *Behrend*, in: Udsching, SGB XI, § 9 Rdnr. 6.

Soweit die Investitionskosten nicht oder nicht vollständig vom Land getragen werden, können die Kosten von den Pflegeeinrichtungen gemäß § 82 Abs. 3 u. 4 SGB XI subsidiär auf die Pflegebedürftigen umgelegt werden. Allerdings bedarf eine solche Umlage der Zustimmung des Landes (bzw. zumindest einer Anzeige an die zuständige Behörde, sofern es überhaupt keine Landesförderung gegeben hat). Bei den Betriebskosten ist zu beachten, dass die Leistungen der Pflegeversicherung als „Teilkaskoversicherung" konzipiert worden sind, d.h. dass „unabhängig vom konkreten Bedarf (...) eine der Höhe nach gedeckelte Leistung" erbracht wird und die überschießenden Kosten vom Pflegebedürftigen selbst zu tragen sind.[232] An der vor Einführung der Pflegeversicherung bestehenden Eigenverantwortung des Einzelnen hat sich also nur insoweit etwas verändert, als dass die Pflegekassen zumindest einen Teil des finanziellen Risikos übernehmen und den Betroffenen vor einer wirtschaftlichen Überforderung schützen sollen.[233] Kann der Pflegebedürftige (bzw. etwaige ihm gegenüber Unterhaltspflichtige) seinen Eigenanteil jedoch nicht aufbringen, treten die örtlichen Sozialhilfeträger gem. §§ 61 ff. SGB XI für ihn ein, d.h. die Kommunen sitzen bei der Finanzierung der Pflege weiterhin mit im Boot.[234]

2. Pflegeplanung

Dabei bedarf es für den Abschluss eines solchen Versorgungsvertrags nicht der vorherigen Festlegung in einem (Landes-)Plan. Im Gegenteil: § 72 Abs. 3 S. 1 SGB XI räumt den (ambulanten wie stationären) Pflegeeinrichtungen bei Vorliegen bestimmter Zulassungsvoraussetzungen[235] einen Anspruch auf Abschluss eines Versorgungsvertrages ein. Damit unterscheidet sich der Pflegesektor maßgeblich von den Sektoren der kurativen Gesundheitsversorgung, die sich an einer bedarfsabhängigen Zulassung orientieren. Im Pflegebereich setzt der SGB XI-Gesetzgeber stattdessen auf Wettbewerb, insbesondere um auch neuen und innovativen Ansätzen und Anbietern Chancen zu eröffnen.[236]

Dieser wettbewerbliche Ansatz in der Pflegeversicherung hat auch Auswirkungen auf die landesrechtlichen Planungsinstrumente zur Erfüllung der Infrastrukturverantwortung. Nicht zuletzt aufgrund der Rechtsprechung von Bundessozial-

---

232 *Vorholz*, in: Henneke, Verantwortung, S. 86 (90).
233 *Udsching*, in: Henneke, Verantwortung, S. 48 (57 f.).
234 Laut *Vorholz*, in: Henneke, Verantwortung, S. 86 (91), betrug der von den Sozialhilfeträgern geleistete Anteil an den Pflegekosten 2010 drei Milliarden Euro – Tendenz steigend! *Udsching*, in: Henneke, Verantwortung, S. 48, bezeichnet die Kommunen daher zutreffend als „Ausfallbürgen".
235 Vgl. zu diesen näher *Schütze*, in: Udsching, SGB XI, § 72 Rdnr. 4 ff.
236 *Hense*, in: Fehling/Ruffert, Regulierungsrecht, § 16 Rdnr. 82.

und Bundesverwaltungsgericht[237] wurde hier insbesondere der Verbindung von Pflegeplanung und Investitionskostenförderung entgegengewirkt, da eine plangesteuerte bedarfsabhängige Förderung einzelner Pflegeeinrichtungen den Zulassungsanspruch aus § 72 Abs. 3 S. 1 SGB XI konterkariere und nicht geförderte, aber sich im Wettbewerb befindende Anbieter in unzulässiger Weise benachteilige (Art. 12 GG!).[238]

Daher hat sich die Pflegeplanung weitgehend von einem regulierenden Planungsanspruch verabschiedet und sich zu einer primär beobachtenden Querschnittsplanung entwickelt.[239] Ziel ist es demnach, das Marktgeschehen zu beobachten und zu analysieren, um dann als Träger der Infrastrukturverantwortung dort einzugreifen, wo der Wettbewerb nicht zu einer bedarfsgerechten Versorgung führt.[240] Vorbildlich erscheint in diesem Zusammenhang die Regelung des nordrhein-westfälischen Pflegegesetzes, das in § 6 eine „kommunale Pflegeplanung" vorsieht. Zudem beteiligt NRW die Akteure des Pflegesektors im Rahmen kommunaler Pflegekonferenzen gem. § 5 LPflG NRW an der Pflegeplanung und setzt somit auf einen größtmöglichen Austausch, womit der Formulierung einer „gesamtgesellschaftlichen Aufgabe" (§ 8 Abs. 1 SGB XI) Rechnung getragen wird. Vergleichbares leisten die Kommunen gem. § 4 LPflG BW auch in Baden-Württemberg mit der „Kreispflegeplanung" sowie gemäß §§ 3, 4 NdsPflG in Niedersachsen mittels örtlicher Pflegeberichte und Pflegekonferenzen. In beiden Ländern sind anders als in NRW aber auch noch übergeordnete Landesplanungen vorgesehen (Landespflegeplan, § 3 LPflG BW; Landespflegebericht, § 2 NdsPflG). In eine ähnliche Richtung geht seit 2011 auch das Land Brandenburg, das auf Landesebene den „Steuerungskreis Pflege" (§ 3 Abs. 4 LPflG Brbg;[241] u.a. mit den kommunalen Spitzenverbänden) gegründet hat und „unter Federführung des Landkreises oder der kreisfreien Stadt" lokale Pflegestrukturen institutionalisiert (§ 4 LPflG Brbg). In Bayern sind die Planungen dagegen gem. Art. 69 BayAG-SG auf der Ebene der Bezirke angesiedelt, die unter Beteiligung aller Akteure des Pflegesektors an „integrativen, regionalen seniorenpolitischen Gesamtkonzepten" arbeiten.

Bei all diesen Gremien stehen die Beobachtung und (zumeist) der Austausch mit anderen Akteuren im Vordergrund und kein dekretierendes Verhalten.[242] Das wesentliche Unterscheidungsmerkmal der landesrechtlichen Regelungen ist viel-

---

237 BSGE 88, 215; BVerwGE 121, 23.
238 Näher *Waldhoff*, in: Hennecke, Verantwortung, S. 69 (78 f.); *Höfer/Krahmer*, in: Klie/Krahmer, SGB XI, § 9 Rdnr. 9.
239 Vgl. etwa Art. 69 Abs. 2 BayAG-SG; § 5 Abs. 2 LPflG MV; § 2 Abs. 2 HmbPflG.
240 *Hense*, in: Fehling/Ruffert, Regulierungsrecht, § 16 Rdnr. 118.
241 Gesetz vom 29.6.2004 (GVBl. I, S. 339).
242 Vgl. *Waldhoff*, in: Hennecke, Verantwortung, S. 69 (80), der von „weichen" Aufgaben spricht.

mehr die für die Planungsaufgabe verantwortliche Ebene (Land oder Bezirk oder Kommune).

3. Pflegestützpunkte

Doch nicht nur in den Landespflegegesetzen sind Regelungen, die auf eine stärkere Vernetzung der Akteure zielen, zu finden. Auch der Bundesgesetzgeber hat im Rahmen seiner Pflegeversicherungsreform im Jahre 2008 mit der Einführung der Pflegestützpunkte (§ 92 c SGB XI) ein neues Instrument geschaffen, um eine integrierte wohnortnahe Beratung und Betreuung der Versicherten zu gewährleisten.[243] Die Pflegestützpunkte werden dabei von den Pflegekassen sowie den Krankenkassen (!) errichtet, die ihrerseits darauf hinwirken sollen, dass sich auch die Träger der Sozialhilfe (also insbesondere die Kommunen) und die Pflegeeinrichtungen (also die Leistungserbringer) beteiligen. Dieses stellt eine Konkretisierung der allgemeinen sozialversicherungsrechtlichen Beratungspflichten nach §§ 14, 15 SGB I und der schon bisher in § 7 Abs. 2 SGB XI angelegten Beratungspflicht der Pflegekassen sowie dem in § 8 Abs. 2 SGB XI konstituierten Kooperationsgebot aller Akteure des Pflegesektors dar. Allerdings ist die Einrichtung von Pflegestützpunkten nicht verpflichtend, sondern sie obliegt der Entscheidung des jeweiligen Bundeslandes (vgl. § 92 c Abs. 1 S. 1 SGB XI), wovon – soweit ersichtlich – jedoch alle Länder, wenn auch mit unterschiedlicher Intensität, Gebrauch gemacht haben.[244] Dabei ist auf bereits „vorhandene vernetzte Beratungsstrukturen (…) zurückzugreifen" (§ 92 c Abs. 1 S. 2 SGB XI), in NRW etwa auf die Angebote zur kommunalen Pflegeberatung gem. § 4 LPflG NRW. Die kommunalen Anliegen fließen zudem über die Bundesvereinigung der kommunalen Spitzenverbände mit in die Arbeit der Pflegestützpunkte ein, da diese zusammen mit den Spitzenverbänden der Pflege- und Krankenkassen sowie der Bundesarbeitsgemeinschaft der überörtlichen Sozialhilfeträger Empfehlungen hierzu abgeben, die wiederum beim Abschluss von Rahmenverträgen berücksichtigt werden müssen (§ 92 c Abs. 8 u. 9 SGB XI).

Besonders erwähnenswert ist darüber hinaus jedenfalls der umfassende, felderübergreifende Ansatz der Pflegestützpunkte, der eine „Koordinierung aller für die wohnortnahe Versorgung und Betreuung in Betracht kommenden gesundheitsför-

---

[243] Zur Einführung von Pflegestützpunkten und zur Pflegeversicherungsreform 2008 allgemein vgl. *Igl*, NJW 2008, S. 2214.
[244] Vgl. die Übersicht unter www.pflegestuetzpunkte-deutschlandweit.de (Stand: 23.12.2012). Dabei finden sich nur in wenigen Landespflegegesetzen Ausführungen zu den Pflegestützpunkten (vgl. etwa § 5 LPflG Brbg; § 4 LPflG MV), zumeist ist deren Einrichtung ausschließlich über Ministerialerlasse geregelt (vgl. etwa den Erlass des Nordrhein-westfälischen Ministeriums für Arbeit, Gesundheit und Soziales v. 28.4.2009, SMBl. NRW, S. 267).

dernden, präventiven, kurativen, rehabilitativen und sonstigen medizinischen sowie pflegerischen und sozialen Hilfs- und Unterstützungsangebote" (§ 92 c Abs. 2 S. 1 Nr. 2 SGB XI) umfasst. Dazu passt nicht ganz, dass der Bundesgesetzgeber jüngst[245] – quasi als Konkurrenz zu den Pflegestützpunkten – mit dem neuen § 7 b SGB XI die Möglichkeit geschaffen hat, vermittels Beratungsgutscheinen auch die Beratung „unabhängiger und neutraler" Stellen in Anspruch zu nehmen.[246]

II. Veränderte Kompetenzzuordnung für bestehende Strukturelemente

Unter dem Blickwinkel einer verstärkten Regionalisierung sind auch im Bereich der Pflege die bestehenden Strukturelemente auf die Möglichkeit einer stärkeren Einbeziehung der Länder und Kommunen und generell einer fortschreitenden Vernetzung aller Akteure hin zu untersuchen. Dabei kann erfreulicherweise von einer vergleichsweise respektablen Stellung der Kommunen ausgegangen werden, die sich mit der Rechtslage im Pflegesektor vor der Einführung der Pflegeversicherung erklären lässt. Kriterien für die Zuordnung weiterer Kompetenzen zu den Kommunen sind wiederum die Funktionsgerechtigkeit im oben (Teil 1 B II) beschriebenen Sinne, die Garantie der kommunalen Selbstverwaltung nach Art. 28 Abs. 2 GG[247] und die Notwendigkeit, der staatlichen, d.h. allgemeinen Gesundheitsverantwortung gerecht werden zu müssen.

1. Finanzierung von Pflege

Wie die Ausführungen zum Finanzierungsrahmen gezeigt haben, sind neben den Pflegekassen auch die Sozialhilfeträger an der Finanzierung der Pflege maßgeblich beteiligt, sobald die Pflegebedürftigen ihren Eigenanteil nicht mehr selber aufbringen können. In Anbetracht eines zukünftig sinkenden Rentenniveaus sind hier spürbare Mehrbelastungen für die Kommunen zu erwarten.[248] Dieser immer stärkeren Finanzierungsverantwortung stehen jedoch im Vergleich mit den Pflegekassen schwächere Gestaltungskompetenzen gegenüber.[249] Entscheidender Akteur bleiben die Pflegekassen, die in Erfüllung ihres Sicherstellungsauftrags die Versorgungsverträge mit den Pflegeeinrichtungen schließen, wodurch diese in die Lage versetzt werden, ihre Kosten mit den Pflegekassen sowie den Pflegebedürf-

---

245 Durch das Pflege-Neuausrichtungs-Gesetz v. 23.10.2012 (BGBl. I, S. 2246).
246 Kritisch dazu *Udsching*, in: Henneke, Verantwortung, S. 48 (62).
247 Zur Erfassung der kommunalen Aktivitäten im Bereich der Pflege durch die Selbstverwaltungsgarantie vgl. *Blanke*, in: FS Bull, S. 461.
248 So auch *Udsching*, in: Henneke, Verantwortung, S. 48 (57 f.).
249 *Vorholz*, in: Henneke, Verantwortung, S. 86 (91).

tigen (und damit letztlich auch den Sozialhilfeträgern) abzurechnen. Immerhin ist gemäß § 72 Abs. 2 S. 1 SGB XI vor Abschluss eines Versorgungsrechts das Einvernehmen mit dem zuständigen Sozialhilfeträger herzustellen. Freilich ist dies eine im Vergleich zu den Pflegekassen „nachgeordnete Verhandlungsposition".[250]

Die mitunter erhobene Forderung nach einer völligen Gleichstellung von Pflegekassen und Sozialhilfeträgern[251] erscheint mir aufgrund der Rolle der Sozialhilfeträger als „Ausfallbürgen"[252] nicht sachgerecht.[253] Zudem wären die Auswirkungen in der Praxis aufgrund des Kontrahierungszwangs gem. § 72 Abs. 3 S. 1 SGB XI sowie der Bindung an die Rahmenverträge gem. § 75 Abs. 1 S. 4 SGB XI (wo die Kommunen über ihre Spitzenverbände sowie die Bundesarbeitsgemeinschaft der Sozialhilfeträger ja ihrerseits an den Empfehlungen mitwirken; § 75 Abs. 6 SGB XI) eher überschaubar.

2. Pflegeplanung

Die den Ländern zugeordnete Aufgabe der Planung von Pflegeeinrichtungen hat sich aufgrund des wettbewerblichen Charakters der Pflegeversicherung von einer klassischen Bedarfsplanung zu einer primär beobachtenden und analysierenden Aufgabe entwickelt (vgl. D I). Nur wenn der Wettbewerb nicht zu einer bedarfsdeckenden Versorgung führt, sind die Länder bzw. die regelmäßig durch Landesgesetz bestimmten Kommunen gefragt, entsprechende Maßnahmen zu ergreifen, wobei sie zumeist nur subsidiär eigene Einrichtungen errichten dürfen.

An dieser Grundstruktur sollte auf der Linie eines evolutiven Ansatzes festgehalten werden. Reformbedarf besteht nur in Ländern, in denen aus der hiergegen Regionalisierungsperspektive die Planungsaufgabe ausschließlich auf der Landesebene angesiedelt ist. Wie bereits bei der Darstellung des Strukturrahmens der Pflegeversicherung erwähnt (D I 1), könnten diesbezüglich die Regelungen des nordrhein-westfälischen Pflegegesetzes mit seiner kommunalen Pflegeplanung (§ 6 LPflG NRW) als Muster fungieren. Entscheidend ist, dass alle relevanten Akteure innerhalb der Pflege bei der Planung mit einbezogen werden und somit ein umfassendes Lagebild entsteht und Versorgungsproblemen durch Koordination möglichst zügig abgeholfen werden kann. Ein sinnvolles Instrument zur Beteiligung der verschiedenen Akteure unter kommunaler Federführung sind die bislang ebenfalls nur teilweise vorgesehenen Pflegekonferenzen (vgl. etwa § 5 LPflG NRW oder § 4 NdsPflG). Ihre Einrichtung sollte zur Pflicht gemacht werden.

---

250 *Vorholz*, in: Henneke, Verantwortung, S. 86 (91); vgl. *Schütze*, in: Udsching, SGB XI, § 72 Rdnr. 15.
251 Vgl. *Vorholz*, in: Henneke, Verantwortung, S. 86 (92).
252 *Udsching*, in: Henneke, Verantwortung, S. 57 f.
253 Vgl. dazu D I 1.

3. Pflegestützpunkte

Ebenfalls einen koordinierten Ansatz im Bereich der pflegerischen Infrastruktur verfolgen die in § 92 c SGB XI vorgesehenen Pflegestützpunkte. Da über das „Ob" ihrer Errichtung die Bundesländer jeweils eigenständig entscheiden (vgl. § 92 c Abs. 1 S. 1 SGB XI) und der Bundesgesetzgeber einzig die Pflegekassen sowie die Krankenkassen zur Beteiligung an den Pflegestützpunkten verpflichtet hat, bestehen gegen diese Vorschrift auch keine kompetenzrechtlichen Einwände.[254] Auch liegt kein Verstoß gegen das (teilweise ungeklärte) Verbot der Mischverwaltung[255] vor, da die Pflegestützpunkte keine neuen Verwaltungsträger darstellen, die ihrerseits Leistungsentscheidungen treffen, sondern lediglich die weiterhin zuständigen und alleinverantwortlich handelnden Leistungsträger unter einem gemeinsamen Dach zusammenführen.[256]

Umstritten ist die Reichweite des Rechts der Bundesländer zur näheren Bestimmung des „Wie". Können diese nur generell die Einrichtung von Pflegestützpunkten vorschreiben oder auch die nähere Ausgestaltung, etwa über die organisatorische Zuordnung, Anzahl und Ort festlegen?[257] Dabei streitet insbesondere die Infrastrukturverantwortung der Länder gem. § 9 SGB XI sowie die Regelung über die Berücksichtigung der Landesbestimmungen zur Einrichtung von Pflegestützpunkten gem. § 92 c Abs. 8 S. 2 SGB XI für ein umfassendes Bestimmungsrecht, wohingegen die Ausformung des § 92 c SGB XI, im Übrigen namentlich die den Kassen eingeräumten weitreichenden Gestaltungsoptionen, eher für eine restriktive Auslegung spricht.

Da aber bereits § 92 c Abs. 2 S. 3 Nr. 1 SGB XI die Pflegekassen verpflichtet, sich um eine Beteiligung der nach Landesrecht zu bestimmenden Sozialhilfeträger (in der Regel die Kommunen) zu bemühen, bestehen m.E. jedenfalls gegen eine Regelung wie in Nordrhein-Westfalen, wonach Pflegestützpunkte nur als „gemeinsame Pflegestützpunkte von Kassen und Kommunen in den Kreisen und

---

254 So auch *Igl*, NJW 2008, S. 2214 (2216).
255 Vgl. zu einem wichtigen Ausschnitt BVerfG, NVwZ 2008, S. 183 („Hartz IV-Arbeitsgemeinschaften").
256 Ebenso *Igl*, NJW 2008, S. 2214 (2216); *Udsching*, in: ders., SGB XI, § 92 c Rdnr. 3; *Leitherer*, in: Kasseler Kommentar zum Sozialrecht, SGB XI, 74. EGL 2012, § 92 c Rdnr. 6. Kritisch betrachtet wurde aus verfassungsrechtlicher Sicht allerdings die bis zum 30. Juni 2011 laufende finanzielle Förderung des Aufbaus der Pflegestützpunkte aus Beitragsmitteln der Pflegeversicherung; vgl. *Udsching*, in: ders., SGB XI, § 92 c Rdnr. 12; *dens.*, in: Henneke, Verantwortung, S. 64.
257 Einen guten Überblick über die widerstreitenden Argumente gibt *Wilcken*, in: Beck'scher Online-Kommentar Sozialrecht (Stand: 1.12.2012), SGB XI, § 92 c Rdnr. 2. Einzelne Modelle verschiedener Kreise schildern *Jakobs*, Der Landkreis 2012, S. 103; *Hoffmann*, Der Landkreis 2012, S. 101.

kreisfreien Städten"[258] errichtet werden können, keine durchschlagenden Bedenken hinsichtlich der Reichweite des Bestimmungsrechts. Eine solche obligatorische Kooperation zwischen Pflegekassen und Kommunen ist für eine Vernetzung der wichtigsten Akteure im Bereich der Pflege und damit zur effektiven Erfüllung der Beratungs- und Koordinationsaufgaben der Pflegestützpunkte funktionsgerecht und sollte daher möglichst in allen Bundesländern vorgesehen werden. Damit würde wiederum auch der Wertung des Art. 28 Abs. 2 GG Rechnung getragen.

4. Kommunale Einrichtungsträgerschaft

Weiterhin ist zu fragen, wie es um den Betrieb eigener Pflegeeinrichtungen durch die Kommunen bestellt ist.[259] Dabei fallen zunächst die Vorschriften der §§ 11 Abs. 2 S. 3, 72 Abs. 3 S. 2 SGB XI auf, die scheinbar einen Nachrang öffentlicher Pflegeeinrichtungen gegenüber solchen anderer (privater und freigemeinnütziger bzw. kirchlicher) Träger festlegten. Allerdings stehen diese Regelungen im Widerspruch zum Anspruch auf Zulassung zur pflegerischen Versorgung bei Erfüllung der genannten Voraussetzungen gem. § 72 Abs. 3 S. 1 SGB XI, der gerade keine Unterscheidung anhand des Trägers vorsieht, sondern uneingeschränkt gilt. Insoweit passen die Vorrangregeln für nicht-öffentliche Leistungserbringung nicht zum wettbewerblichen Grundgedanken der Pflegeversicherung und laufen „faktisch ins Leere".[260]

Allerdings kennen die Landespflegegesetze teilweise Subsidiaritätsklauseln, die den Kommunen nur dann ein eigenes Tätigwerden erlauben, wenn die pflegerische Versorgung nicht anderweitig, d.h. durch private bzw. freigemeinnützige Träger, sichergestellt werden kann.[261] Dies ist freilich eingebettet in einen Bereit- und Sicherstellungsauftrag nach § 8 SGB XI (bzw. [beispielsweise] § 2 Abs. 1 LPflG BW, § 5 Abs. 1 NdsPflG). Gegen eine solche landesrechtliche, aus dem Gemeindewirtschaftsrecht bekannte Nachrangregelung bestehen keine grundsätzlichen rechtssystematischen Bedenken, schließlich birgt ein Tätigwerden am wettbewerblich organisierten Pflegemarkt auch immer ein wirtschaftliches Risiko, insbesondere dann, wenn die Anzahl der Anbieter die Nachfrage übersteigt. Dass die Länder ihre

---

258 Erlass des nordrhein-westfälischen Ministeriums für Arbeit, Gesundheit und Soziales v. 28.4.2009, SMBl. NRW, S. 267.
259 Die Realanalyse ergibt ein stark regional differenziertes Bild; vgl. *Vorholz*, in: Henneke, Verantwortung, S. 86 (87). Zu den profilbedingten Stärken kommunaler Pflegeeinrichtungen *Blanke*, in: FS Bull, S. 461 ff.
260 *Plantholz/Schmäing*, in: Klie/Krahmer, SGB XI, § 72 Rdnr. 19; *Schütze*, in: Udsching, SGB XI, § 72 Rdnr. 11.
261 Vgl. etwa § 2 Abs. 3 LPflG NRW; Art. 70 BayAG-SG; § 5 Abs. 2 NdsPflG. Näher hierzu vgl. *Blanke*, in: FS Bull, S. 464 ff.

Kommunen daher auf den Fall beschränken, dass die Nachfrage nicht durch den Markt befriedigt werden kann, erscheint sachgerecht.

Eine grundsätzliche Freigabe der eigenen Leistungserbringung in allen Bundesländern erscheint daher nicht indiziert. Gleichwohl begegnet der teilweise beobachtete Rückzug der Kommunen aus der Rolle als Einrichtungsträger Kritik.[262] Denn wie schon für den Bereich der Krankenhausträgerschaft festgestellt (B II 2 b), bietet die eigene Einrichtungsträgerschaft ein großes Gestaltungspotenzial für ein qualitätsvolles, das gesamte sozialräumliche Umfeld (vgl. noch sogleich) einbeziehendes Pflegekonzept. Mit der Privatisierung droht dieses Gestaltungspotenzial verloren zu gehen. Umgekehrt hilft eine stärker sozialräumlich begründete Fortführung von Einrichtungen die Voraussetzungen der Subsidiaritätsklausel in den Landespflegegesetzen zu erfüllen; jedenfalls kommt einer lediglich kostengünstigeren Leistungserbringung durch andere Träger nicht schon per se Vorrang zu. Letzten Endes ist die Fortführung eigener Einrichtungen eine Frage politischer Entscheidungsmacht, bei deren Beantwortung sich die Betroffenen stärker als bislang artikulieren sollten.

III. Etwaige neue Strukturelemente: Sozialräumliche Planung inklusive Mobilisierung bürgerschaftlichen Engagements

Anknüpfend an die eingangs referierte weite Definition des Pflegebegriffs ist in jüngerer Zeit verstärkt das Bewusstsein gewachsen (forciert durch sozialwissenschaftliche Untersuchungen)[263], dass die Aufgaben im Feld der Pflege inhaltlich über den Anwendungsbereich der Pflegeversicherung hinausgehen und in ein seniorenpolitisches Gesamtkonzept eingebettet sein sollten.

Ein solches Gesamtkonzept trägt einen sozialräumlichen, d.h. auf das jeweilige Quartier bezogenen Charakter und erfasst alles, was Altenpolitik ausmacht. Neben der konkreten Pflegelandschaft vor Ort werden auch Fragen der Stadtentwicklung, also insbesondere die Ausrichtung der Bauleitplanung und Wohnumfeldgestaltung auf die Bedürfnisse älterer Menschen, sowie Möglichkeiten ehrenamtlichen Engagements, insbesondere um vermehrt wegbrechende familiäre Strukturen aufzufangen, diskutiert.[264] Es geht also neben den eigentlichen Pflegeleistungen insbesondere darum, im Sinne der örtlichen Gemeinschaft Aufgaben der Daseinsvorsorge zu erfüllen und bürgerschaftliches Engagement zu organisieren. Dabei liegt

---

262 *Friedrich*, in: Huster/Kaltenborn, Krankenhausrecht, § 16A Rdnr. 35, 19 ff.; *Blanke*, in: FS Bull, S. 468 ff.
263 Vgl. *Klie* (Hrsg.), Fürs Alter planen. Beiträge zur kommunalen Altenplanung, 2002; *Künzel*, G+S 5-6/2011, S. 18 (21 f.); *Waldhoff*, in: Henneke, Verantwortung, S. 82 f.
264 Vgl. *Udsching*, in: Hennke, Verantwortung, S. 57 ff. Als Beispielsschilderung aus dem Landkreis München *Spitzenträker,* Der Landkreis 2012, S. 108.

der Fokus auch hier primär nicht auf der Eigenleistung der Kommunen, sondern nach Möglichkeit in der Motivation Dritter vermittels Kommunikation und Dialog. Der Deutsche Landkreistag hat diesbezüglich zehn Handlungsfelder ausgemacht, auf denen ein derartiges kommunales Engagement möglich ist, etwa bei der Vermittlung altersgerechter Dienstleistungsangebote wie Fahr- oder Essensdiensten, der Förderung neuer Wohnformen wie Wohngemeinschaften im Alter oder der Unterstützung pflegender Angehöriger.[265] Zu ähnlichen Ergebnissen kommt auch die Studie „Gesundheit und Pflege in Schleswig-Holstein", die ebenfalls auf die Notwendigkeit einer altersgerechten kommunalen Infrastruktur und die Erhöhung der Pflegebereitschaft in der Bevölkerung hinweist.[266]

Der Bundesgesetzgeber hat diesen neueren Ansatz zuletzt aufgegriffen mit den durch das Pflege-Neuordnungs-Gesetz eingefügten bzw. erweiterten Regelungen der §§ 45 c – f SGB XI, durch die Geld bereit gestellt wird, um derartige Projekte finanziell – aus Beitragsmitteln[267] – zu fördern. Dies soll die Kommunen zu entsprechenden Engagements motivieren.[268]

Verkehrt wäre es nun, hiermit die Schaffung eines neuen Strukturelements „sozialräumlich Planung" zu verbinden. Vielmehr muss es darum gehen, die vorhandenen bzw. im oben (D II) geforderten Sinne den Kommunen zugeordneten Planungskompetenzen (einschließlich Pflegestützpunkte) inhaltlich zu ergänzen. Bestandteil der möglichst lokal konzipierten und in kommunaler Verantwortung stehenden Pflegeplanung und der koordinierten Beratung ist dann die altersbezogene Daseinsvorsorge einschließlich der pflegerischen Versorgung im engeren Sinne.[269]

---

265 Thesenpapier des Deutschen Landkreistages „Unterstützung und Hilfe im Alter" (http://www.kreise.de/__cms1/images/stories/themen/Senioren/unsttzung%20und%20hilfe%20im%20alter.pdf).
266 *Beske u.a.*, Gesundheit und Pflege in Schleswig-Holstein, S. 86 ff., 133 ff.
267 *Udsching*, in: ders., SGB XI, § 45 c, Rdnr. 3, meldet diesbezüglich – wie bei der Anschubfinanzierung für die Pflegestützpunkte – (vgl. D II 3) verfassungsrechtliche Bedenken an, da es sich um Investitionen in die Infrastruktur handle, für die der Bund keine Kompetenz besitze. M.E. liegt hier aber ein Vergleich mit den aus Beitragsmitteln gespeisten Präventionsmaßnahmen nahe (vgl. A I 1), die ebenfalls den Versicherten nur mittelbar wieder zu Gute kommen; solche Maßnahmen sichern langfristig indes die Beitragsstabilität, da sie die für die Pflegekassen teurere (voll-)stationäre Pflege zu vermeiden helfen.
268 *Waldhoff*, in: Henneke, Kommunale Verantwortung, S. 69 (82 f.).
269 Dahingehend auch *Welti*, ZFSH/SGB 2011, S. 405; *Hense*, in: Fehling/Ruffert, Regulierungsrecht, § 16 Rdnr. 118.

Teil 3: Felderübergreifende Koordination als Aufgabe der Zukunft in kommunaler Verantwortung

Die bisherigen Überlegungen haben ergeben, dass
- eine wichtige Anforderung an die Funktionsgerechtigkeit der Organisationsstruktur in der Gesundheitsversorgung darin besteht, der Verzahnung der einzelnen Felder Rechnung zu tragen bzw. diese zu befördern und weiterzuentwickeln;
- die Kommunen auf der Land- und Stadtkreisebene ihrem Profil nach hierzu grundsätzlich prädestiniert sind, da sie nicht sektoral, sondern gebietskörperschaftlich legitimiert sind und durch Art. 28 Abs. 2 GG über eine Zuständigkeit für sämtliche Angelegenheiten der örtlichen Gemeinschaft verfügen.

Im abschließenden Teil 3 muss es nun darum gehen, die künftigen strukturierenden Aufgaben auf der felderübergreifenden Ebene zu beschreiben (B) und sodann zu prüfen, ob und falls ja welche organisatorische Ausgestaltung für die Bewältigung dieser Aufgaben in Frage kommt (C). Zuvor ist ein Blick auf die bisherigen Ansätze für felderübergreifende Strukturen zu werfen (A).

A. Bisherige Ansätze

I. In der Praxis

Nach vereinzelten älteren Bemühungen zur Beschreibung felderübergreifender Aufgaben in der Gesundheitsplanung[270] ist in den vergangenen Jahren aus Anlass des deutlich sichtbaren Symptoms der ambulanten Unterversorgung im ländlichen Raum vermehrt auch in der Praxis über felderübergreifende Strukturen nachgedacht bzw. sind entsprechende Strukturen realisiert worden. Dabei interessieren vom Standpunkt dieser Untersuchung aus nur solche Elemente, die bereits eine institutionelle Verfestigung erreicht haben und mehr als bloße Kooperationsvereinbarungen auf der Ebene von Spitzenverbänden darstellen, obgleich auch diese

---

270 Vgl. den Bericht der Kommunalen Gemeinschaftsstelle 11/1998, Ziele, Leistungen und Steuerung des kommunalen Gesundheitsdienstes; ferner *Heinemann*, Stadtentwicklung und Gesundheit, S. 35 f.

natürlich von großem Wert sind.[271] Selbstverständlich handelt es sich bei der nachfolgenden Aufzählung um Beispiele, nicht um eine erschöpfende Auflistung.

– Mit Unterstützung der Robert Bosch Stiftung ist im Landkreis Reutlingen (Baden-Württemberg) die „Reutlinger Gesundheitskonferenz" eingerichtet worden. In ihr werden kommunale Gesundheitsförderpläne erarbeitet, abgestimmt und umgesetzt sowie die Gesundheitsversorgung weiterentwickelt. Die Gesundheitskonferenz ist ein Gremium, das auf der Basis bedarfsorientierter Analysen Handlungsempfehlungen berät, über deren Umsetzung entscheidet und über Arbeitsgruppen und Netzwerke den Umsetzungsprozess in Gang setzen soll. Den Vorsitz hat der Landrat, Mitglieder der Konferenz sind unter anderem mit Entscheidungsbefugnis ausgestattete Vertreter von Sozialversicherungsträgern und Krankenkassen, Ärztekammer und Kreisärzteschaft, der AG der Selbsthilfe, der Sportvereine, von Bildungseinrichtungen und des Landratsamts. In der Sache handelt es sich um einen institutionalisierten Dialograhmen, mit dem sich keine unmittelbar rechtliche Verzahnung mit den Strukturelementen der einzelnen Felder verbindet und dessen Erfolg daher stark vom Willen der beteiligten Akteure abhängt. Eine legislative Fundierung existiert bislang nicht.

– In Hessen ist durch das Zweite Gesetz zur Weiterentwicklung des Krankenhauswesens vom 21.12.2010[272] in jedem Versorgungsgebiet eine „Gesundheitskonferenz" gebildet worden. Ihr gehören als Mitglieder die Träger der Krankenhäuser im Versorgungsgebiet, die Hessische Krankenhausgesellschaft, die Krankenkassen im Versorgungsgebiet (jeweils mit einer bestimmten Zahl von Vertretern), die Kassenärztliche Vereinigung Hessen, die Landesärztekammer Hessen sowie Patientenorganisationen an. Die Konferenz wird erstmals einberufen durch das zuständige Ministerium. Der bzw. die Vorsitzende stammt aus den Reihen der Vertreterinnen und Vertreter der Landkreise und kreisfreien Städte im Versorgungsgebiet. Wie bereits die Verortung dieser Konferenz im Krankenhausgesetz zeigt, handelt es sich um eine im Schwerpunkt auf den Bereich der kurativen Medizin konzentrierte Einrichtung, die in der Sache eher eine Art Vorläufer des mit dem GKV-VStG eingeführten „Gemeinsamen Landesgremiums" nach § 90 a SGB V (vgl. zu diesem Teil 2 B III 1) darstellt. Auch hier geht es in erster Linie darum, einen Rahmen für den „intensiven Dialog" der Beteiligten zu schaffen (vgl. § 21 Abs. 1 HessKHG).[273]

---

271 Stellvertretend genannt sei die „Rahmenvereinbarung über die Zusammenarbeit zwischen Kassenärztlicher Bundesvereinigung und dem Deutschen Landkreistag", die seit 1.11.2010 gilt.
272 GVBl. I, S. 587.
273 Näher zu diesem Gremium *Möller*, SGb 2011, S. 562; zu weiteren Kooperationsbemühungen in Hessen zwischen den kommunalen und den sozialverwaltungsrechtlichen Akteuren *Hilligardt*, Der Landkreis 2012, S. 238.

– Das größte Maß an institutioneller Verfestigung weist die bereits seit 1997 gesetzlich geregelte „Kommunale Gesundheitskonferenz" in Nordrhein-Westfalen auf.[274] Eine hierzu erlassene Ausführungsverordnung vom 20.8.1999[275] mit detaillierten Regelungen zur Zusammensetzung der Konferenz, zum Inhalt und zur Kategorisierung einzelner von ihr verabschiedeter Empfehlungen sowie zum Verfahren der Beschlussfassung ist zwischenzeitlich wieder aufgehoben worden. Die Kommunale Gesundheitskonferenz in Nordrhein-Westfalen ist ein Beratungsgremium, das aber „bei Bedarf" auch Empfehlungen abgeben soll (§ 24 Abs. 2), wobei „die Umsetzung ... unter Selbstverpflichtung der Beteiligten" erfolgen soll. Die Mitglieder werden berufen vom Rat bzw. Kreistag und sollen gebildet werden durch Vertreter und Vertreterinnen „der in der Gesundheitsförderung und Gesundheitsversorgung der Bevölkerung Beteiligten, der Selbsthilfegruppen und der Einrichtungen für Gesundheitsvorsorge und Patientenschutz". Die Einführung ist seinerseits von den kommunalen Spitzenverbänden und der damaligen Opposition im Düsseldorfer Landtag sehr kritisch begleitet worden, wie anhand der Argumente von *Wimmer*[276] nachvollzogen werden kann. Die rechtlichen Kritikpunkte werden bei der nachfolgenden Vorstellung meines Lösungsvorschlags verarbeitet. Sie beziehen sich zu einem erheblichen Teil auf die zwischenzeitlich aufgehobene Ausführungsverordnung, der zu Recht vorgeworfen wurde, einen sehr bürokratischen, die kommunale Selbstverwaltung eher beeinträchtigenden als befördernden Ansatz zu verfolgen. Dennoch ist bereits an dieser Stelle festzuhalten, dass die von *Wimmer* geäußerte Kritik ihrerseits zwar eine Notwendigkeit für eine stärkere Verzahnung innerhalb der Gesundheitsverantwortung anerkennt, dann es dann aber doch ausreichen lassen möchte, dass erst beim Auftreten von „Versorgungsdefiziten" reagiert werden kann; die seither erfolgte Entwicklung (vgl. Teil 1 B I u. III) dürfte endgültig den Nachweis erbracht haben, dass es damit eben nicht mehr getan ist. Des Weiteren ist die Kritik von *Wimmer* durch eine deutliche Unterschätzung der gebietskörperschaftlichen Legitimation bei gleichzeitiger Überschätzung der Legitimation der anderen Träger, die sich beispielsweise angeblich auf das Grundrecht (!) der allgemeinen Handlungsfreiheit nach Art. 2 Abs. 1 GG berufen können sollen, gekennzeichnet. Schließlich konnte die Kritik von *Wimmer* nicht die im Rahmen der vorgelegten Untersuchung vorgeschlagenen Freiräume innerhalb der einzelnen Felder kennen, die einem felderübergreifenden Gremium überhaupt erst ein relevantes Gestaltungsfeld zu öffnen vermag.

---

274 Eingeführt mit dem Gesetz über den öffentlichen Gesundheitsdienst vom 25.11.1997 (GVBl. 1997, S. 430, zuletzt geändert durch Gesetz vom 14.2.2012 [GVBl. 2012, S. 97]).
275 GVBl. 1999, S. 542.
276 DVBl. 2000, S. 27 ff.

II. Politische und wissenschaftliche Vorschläge

Bereits im einleitenden Teil 1 (B III 1 a) wurde über die von *Greß* und *Stegmöller* erarbeiteten Vorschläge für die Friedrich-Ebert Stiftung sowie über die Analyse des Fritz-Beske-Instituts für Gesundheit-System-Forschung im Auftrag des Landes Schleswig-Holstein berichtet. Beide Ansätze sind nicht mehr evolutiven Charakters, sondern zielen letzten Endes darauf, die Sicherstellungs- und Finanzierungsverantwortung innerhalb der Gesundheitsversorgung zu verschieben. Überdies sind sie nicht rechtlich rückgekoppelt. Dies gilt auch für das jüngst von *Ellis Huber*[277] vorgeschlagene Institut der „Gesundheitsentwicklungspläne". Dabei sollen in Anlehnung an Stadtentwicklungspläne die Kommunen Problemfelder benennen, lokale (auf Gesundheitskonferenzen gewonnene) Ziele und Maßnahmen formulieren und regelmäßig über die Forschung berichten, um so eine breite öffentliche Diskussion über das Thema Gesundheit zu initiieren und die Bevölkerung für dieses Anliegen zu sensibilisieren. Während dieser Vorschlag im Kern aus dem Feld der Prävention stammt, sind die Vorschläge der Friedrich-Ebert Stiftung bzw. des Fritz-Beske-Instituts primär am Verzahnungsbedarf innerhalb des Feldes der kurativen Medizin orientiert.

B. Die felderübergreifende Ebene

I. Charakterisierung

Ganz auf der bisherigen Linie dieser Untersuchung geht es auch im abschließenden Teil nicht um Verzahnungen auf der Ebene der Leistungserbringung. Vielmehr müssen Strukturelemente etabliert werden, über die eine Zusammenarbeit der in den einzelnen Feldern für dortige Strukturelemente verantwortlichen Institutionen bewirkt werden kann. Dies kann normativ durchaus anknüpfen an § 86 SGB X, wonach die „Leistungsträger, ihre Verbände und die in diesem Gesetzbuch genannten öffentlich-rechtlichen Vereinigungen ... verpflichtet (sind), bei der Erfüllung ihrer Aufgaben nach diesem Gesetzbuch eng zusammenzuarbeiten", also nicht allein bei der Leistungserbringung.[278] Die Ebene, auf der dies bewirkt werden soll, befindet sich jenseits der einzelnen Teilfunktionen in der den im vorherigen Teil umfassend beschriebenen Felder und umfasst auch die Gesundheitsversorgung außerhalb des Bereichs der Gesetzlichen Krankenversicherung, und zwar sowohl im

---

277 Strategiepapier „Gesundheitsförderung und kommunale Gesundheitspolitik" (http://www.praeventologe.de).
278 *Eichenhofer*, in: ders./Wenner, Kommentar zum Sozialgesetzbuch I, IV, X, § 86 SGB X Rdnr. 2.

Hinblick auf die Privatpatientinnen und Privatpatienten als auch im Hinblick auf die nicht in das dortige Finanzierungssystem einbezogenen Leistungserbringer wie beispielsweise die Heilpraktikerinnen und Heilpraktiker. Inhaltliche Gegenstände von Verzahnung und Verzahnungsaktivitäten können die Bestimmung des Bedarfs betreffen, Angebots- und Nachfragestrukturen, Qualität und Qualitätssicherung sowie Förderungs- und Finanzierungsnotwendigkeiten.

II. Modus

Die bislang abstrakt umschriebene Aufgabe „felderübergreifende Verzahnung" könnte entweder planenden oder koordinierenden Charakter tragen. Eingedenk der intensiven Betrachtungen zu den Strukturelementen in den einzelnen Feldern im Teil 2 und unter Beibehaltung des eingangs (Teil 1 A III) postulierten evolutiven Ansatzes kommt freilich nur letzteres in Betracht. Die Schaffung einer felderübergreifenden Planungskompetenz (zugunsten welcher Institution auch immer) würde eine veränderte kompetenzielle Zuordnung der planerischen Kompetenzen in den einzelnen Feldern voraussetzen, die ja gerade nicht vorgeschlagen worden ist.

Die künftige Aufgabe der Bewirkung einer felderübergreifenden Verzahnung wird daher eine Aufgabe koordinierenden Charakters sein müssen. Sie besteht im Näheren aus Informationssammlung und –austausch, der wechselseitigen Aufnahme von Impulsen und sodann aus der Erarbeitung von Anregungen und Empfehlungen für die Verantwortungsträger in den einzelnen Feldern aber auch gegenüber den Leistungserbringern. Eine wesentliche Voraussetzung dafür, dass überhaupt Impulse untereinander aufgenommen und sodann ausgetauscht werden können, wurde mit den einzelnen Vorschlägen für die Veränderung von Strukturelementen innerhalb der Felder erst geschaffen; so würde beispielsweise die Umwandlung der bisherigen Richtlinienbefugnis des Gemeinsamen Bundesausschusses bei der Bedarfsplanung in eine Rahmenplanung mit Konkretisierungsbefugnis der Länder nach § 99 Abs. 1 SGB V auf der regionalen und lokalen Ebene Freiräume schaffen, die sodann durch Impulse von der felderübergreifenden Ebene im Interesse einer stärkeren Verzahnung über die Feldergrenzen hinweg aufgefüllt werden könnten.

Die Bewirkung einer felderübergreifenden Verzahnung koordinierenden Charakters stellt dabei eine neue Aufgabe dar, deren Notwendigkeit bislang gleichermaßen unumstritten[279] wie blass geblieben ist.

---

[279] Selbst der gegenüber der nordrhein-westfälischen Gesundheitskonferenz so kritische Beitrag von *Wimmer*, DVBl. 2000, S. 27, stellt gleich zu Beginn fest, dass „kein Zweifel" an der Notwendigkeit einer besser aufeinander abgestimmten Verwirklichung der gesundheitlichen Versorgung der Bevölkerung in den Städten und Gemeinden bestehen könne; vgl. aus neuerer Zeit ähnlich *Möller*, SGb 2011, S. 562.

C. Organisatorische Ausgestaltung im Verfassungsrahmen

Der nachfolgend im einzelnen entwickelte Vorschlag, die künftige Aufgabe der felderübergreifenden Koordination unmittelbar den Kommunen auf der Stadt- und Landkreisebene anzuvertrauen bildet im Anschluss an die durch das GKV-VStG bewirkten Veränderungen zugunsten einer stärkeren Regionalisierung in der Gesundheitsversorgung einen weiteren, zweiten Schritt. Der Vorschlag sollte freilich hinreichend Entwicklungspotential besitzen, um auch künftigen Erweiterungen der Aufgabe einer felderübergreifenden Koordinierung gerecht werden, also weitere Schritte ermöglichen zu können.

I. Potentielle Organisationsmodelle

Mit Blick auf die bisherigen Ansätze sind die folgenden organisatorischen Ausgestaltungen denkbar:
- Die Schaffung einer neuen körperschaftlich verfassten Organisationseinheit, in der Kommunen wie Sozialverwaltungsträger nach Art eines Zweckverbandes zusammengeschlossen sind. Einen dahingehenden Vorschlag hat *Müller*, ein Vertreter der Kassenärzte, in der Zeit der Diskussionen über das bevorstehende GKV-Versorgungsstrukturgesetz gemacht, wobei die Kommunen nicht stimmberechtigt hätten sein sollen, und die Organisationshoheit auf die Landesebene bezogen gewesen wäre.[280] Die Realisierung dieses ggf. zu erweiternden und zu modifizierenden Vorschlags würde zur weiteren Verkomplizierung der Organisationslandschaft führen und die dem Zweckverband seit jeher innewohnende Gefahr der unklaren Verantwortungsstruktur bei gleichzeitiger Nichtrealisierbarkeit von Bürgerbeteiligung verschärfen. Er sollte daher m.E. nicht als Organisationsinstrument zur Bewirkung der felderübergreifenden Koordination weiterverfolgt werden.
- Die durchgehende normative Verankerung der kommunalen Gesundheitskonferenzen nach dem Beispiel Nordrhein-Westfalen oder Landkreis Reutlingen. Als Nachteil dieser Lösung ist es anzusehen, dass letzten Endes ungeklärt ist, wer eigentlich Verwaltungsträger und wer Organ ist. Nach der Konzeption scheinen die Kommunen hier eine Art geschäftsführende Rolle zu spielen (vgl. § 23 Satz 2 des ÖGDG NRW; teilweise wird auch von „Projektmanagement" gesprochen).[281] Infolge der ungeklärten Träger- und Organstruktur fehlt den Gesundheitskonferenzen von vornherein ein Stück der so dringend benötigten Organisations- und Durchsetzungskraft. Zudem ist auch hier (wie bei allen

---

280 In: Pitschas, Versorgungsstrukturen, S. 27 (30 f.).
281 *Schmidt am Busch*, Gesundheitssicherung, S. 47.

Konferenzmodellen) letzten Endes unaufklärbar, wer genau wofür die Verantwortung trägt. Weitere Bedenken hat *Wimmer*[282] formuliert (hierzu bereits A I).

- Der nachfolgend (II) näher entfaltete Vorschlag lautet dahingehend, die künftige materielle Aufgabe der felderübergreifenden Koordination in den jeweiligen Landesgesetzen als Aufgabe des Öffentlichen Gesundheitsdienstes zu definieren und sie den Stadt- und Landkreisen als pflichtige Selbstverwaltungsaufgabe ohne Weisung zuzuordnen. Damit wäre eine zweifelsfreie Zuordnung zu einem Verwaltungsträger (dem Stadt- oder Landkreis) gefunden, wobei die daran anknüpfende Behördenzuständigkeit beim jeweiligen Gesundheitsamt (des Kreises bzw. der Stadt) liegen sollte. Die Einbeziehung der anderen Akteure, insbesondere der Sozialverwaltungsträger, erfolgt nicht über eine institutionelle Lösung (wie bei den Konferenzen), d.h. nicht durch das gemeinsame Zusammenspannen in einer Organisationseinheit, sondern durch einen Verfahrensansatz. Dies geschieht dadurch, dass der jeweils zuständige kommunale Träger dazu verpflichtet wird, nach vorher definierten Regeln und zu festgelegten relevanten Zeitpunkten die anderen verantwortlichen Träger für bestimmte Strukturentscheidungen zu beteiligen und die Beteiligungsergebnisse in seine eigenverantwortlich verfassten Koordinierungsempfehlungen einfließen zu lassen.

II. Koordinierte Gesundheitsverantwortung als künftige Aufgabe des Öffentlichen Gesundheitsdienstes in der Trägerschaft der Stadt- und Landkreise

1. Beurteilung dieses Organisationsmodells aus der Sicht von Funktionsgerechtigkeit, staatlicher Gesundheitsverantwortung und kommunaler Selbstverwaltungsgarantie

Die Zuordnung der künftigen Aufgabe der felderübergreifenden Koordination der Gesundheitsverantwortung bietet zunächst den Vorteil der bislang vielfach nicht bestehenden Orts- und Sachnähe und damit zugleich eine weitere Abmilderung des in der gegenwärtigen Kompetenzverteilung, insbesondere im ambulanten Bereich, liegenden Eingriffs in die Garantie der kommunalen Selbstverwaltung nach Art. 28 Abs. 2 GG. Indem diese neue Aufgabe den Kommunen als Träger zugewiesen wird, besitzt zugleich der Staat, insbesondere in Gestalt der Länder, die dann nach den allgemeinen Regeln über die Kommunen die Aufsicht ausüben (dazu noch sogleich) als übergeordnete Ebene der gebietskörperschaftlichen Verwaltung

---

[282] DVBl. 2000, S. 27 ff.

ein Instrument, um die staatliche Letzt- und Gesamtverantwortung im wahrsten Sinne des Wortes, nämlich auf den Gesamtrahmen der Gesundheitsversorgung bezogen, auch wahrnehmen zu können. Zugleich bietet die Zuordnung der neuen Aufgabe zu dieser Ebene, wie bereits mehrfach erwähnt, die Möglichkeit zur Beteiligung aller Bürgerinnen und Bürger, nicht nur der Versicherten und auch nicht nur der Patienten, sondern auch derer, die vielleicht später erst Patienten werden und außerhalb der Gesetzlichen Krankenversicherung versichert sind.

Die Zuordnung zu einem kommunalen Träger je Kreis hat gegenüber den bisher existierenden Gremienlösungen den Vorteil der größeren Effektivität und Durchsetzungskraft. Noch mehr als Gremienlösungen bietet sie ferner einen Mehrwert gegenüber bloßen Generalklauseln, die zur Zusammenarbeit bzw. Koordinierung verpflichten (etwa nach dem Muster des § 19 SGB IX). Insbesondere dann, wenn der jeweilige kommunale Träger innerhalb seiner Behördenstruktur die vorhandenen Gesundheitsämter mit der Erledigung der künftigen Koordinierungsaufgabe betrauen wird (dazu sogleich 2 a), kann auf eine bereits vorhandene Infrastruktur und Logistik mit zumindest teilweise vorhandenen finanziellen und personellen Ressourcen aufgesetzt werden. Wenngleich die Begründung einer neuen Aufgabe durch Landesgesetz nach den allgemein hierfür geltenden Konnexitätsregeln eine Erstattungspflicht des Landes auslösen wird, so handelte es sich angesichts des Charakters als Koordinierungs- und nicht etwa als Leistungserbringungsaufgabe doch um eine in Anbetracht der zu erwartenden Vorteile für das Gemeinwohl im Gesundheitswesen tragbare Belastung, jedenfalls bei Vorhandensein des entsprechenden politischen Willens (auf Landesebene). Ohne diesen Willen wird ein Mehr an Regionalisierung im Gesundheitswesen sowieso nicht erreichbar sein.

Ein weiteres, wichtiges Argument zugunsten der Zuordnung der künftigen Koordinierungsaufgaben in der Gesundheitsversorgung zur kommunalen Ebene liegt schließlich in der dort künftig verbesserten Fähigkeit zur Weitergabe der Koordinierungsergebnisse an die in den einzelnen Feldern verantwortlichen Träger begründet. Die Kommunen sind als einzige in Frage kommende Einheit teilweise selbst verantwortlicher Träger (etwa im Krankenhauswesen, in der Prävention und in der Rehabilitation, künftig u.U. in der ambulanten Medizin) und sie besitzen bereits in einzelnen Feldern Koordinierungskompetenzen, insbesondere in der Prävention und in der Rehabilitation sowie in der Pflege. Durch die im Teil 2 dieser Untersuchung vorgeschlagenen Reformen würden ihnen Mitwirkungsrechte im Landesausschuss der Ärzte und Krankenkassen, im Gemeinsamen Bundesausschuss sowie in den im Krankenhauswesen relevanten regionalen Planungskonferenzen bzw. Landeskrankenhausausschüssen und in der Pflegeplanung entweder erstmals oder in weiterem Umfang als bislang zustehen. Hinzu kommt die Mitwirkung im Gemeinsamen Landesgremium nach § 90 a SGB V. Die Kommunen können beinahe schon als eine Art Spinne innerhalb des Netzes der Gesundheitsversorgung angesehen werden; möchte man, dass das Netz immer dichter gesponnen wird, dass also immer mehr Koordinierung stattfindet, so erscheint es naheliegend, damit (um in diesem Bilde zu bleiben) die Spinne zu betrauen.

2. Einzelne Regelungselemente

a) Trägerschaft

Wie bereits angedeutet, sollte die künftige Aufgabe einer felderübergreifenden Koordination der Gesundheitsverantwortung den Stadt- und Landkreisen zugeordnet werden. Angesichts der Verwurzelung dieser Aufgabe im Gewährleistungsbereich der kommunalen Selbstverwaltungsgarantie nach Art. 28 Abs. 2 GG handelt es sich um eine Selbstverwaltungs-, nicht um eine staatliche Aufgabe. Daher sollte in allen Ländern eine Ausgestaltung als „Pflichtaufgabe ohne Weisung" vorgenommen werden. Dies bedeutet, dass die Stadt- und Landkreise zur Übernahme der betreffenden Aufgabe verpflichtet sind, dass sie aber in Bezug auf das „Wie" der Aufgabenerledigung eigenverantwortlich handeln. Dies betrifft die inhaltliche Ausfüllung von Entscheidungsspielräumen, die Bestimmung über Personal und Organisation etc. Den im jeweiligen Land zu bestimmenden staatlichen Aufsichtsbehörden kommt in diesem Bereich die Rechtsaufsicht zu, aber keine Fachaufsicht, d.h. sie verfügen insbesondere nicht nur über die Befugnis, den Kommunen bei der Aufgabenerfüllung Weisungen zu erteilen.[283]

Die diese Pflichtaufgabe begründenden landesgesetzlichen Regelungen sollten naheliegenderweise im normativen Kontext des jeweiligen Gesetzes über den öffentlichen Gesundheitsdienst erfolgen. Dieser befindet sich gegenwärtig sowieso in verschiedenen Ländern in einer Reformdiskussion,[284] die sogleich um die mit dieser Untersuchung vertiefte Regionalisierungsdebatte erweitert werden könnte. An welcher Stelle innerhalb der Stadt- und Landkreise die künftige Koordinierungsaufgabe verortet werden sollte, kann, muss aber nicht im jeweiligen Landesgesetz geregelt werden.[285]

Für eine Zuordnung zu den bestehenden Gesundheitsämtern spricht das Vorhandensein medizinischer und gesundheitsstruktureller Fachkompetenz sowie von personellen und sonstigen infrastrukturellen Voraussetzungen. Auch dürfte dort bereits ein hoher Vernetzungsgrad im Hinblick auf die anderen relevanten Akteure bestehen. Allerdings dürfte eine erfolgversprechende Aufgabenerledigung durch

---

[283] Zu den Einzelheiten detaillierter mit zahlreichen Nachweisen *Burgi*, Kommunalrecht, § 8.
[284] Vgl. dazu die Beiträge im Heft 2/2011 der Zeitschrift „Der Landkreis", u.a. von *Kapferer*, Dem Staatssekretär im Bundesministerium für Gesundheit (S. 73 f.).
[285] Für Flexibilität plädiert auch *Freese*, Der Landkreis 2011, S. 76.

die Gesundheitsämter dort einige Anpassungen (je nach Bundesländern unterschiedlich)[286] und vor allem auch in ausstattungsmäßiger Hinsicht erfordern. Sollen die Gesundheitsämter (was aus meiner Sicht wünschenswert wäre) tatsächlich den Weg von der herkömmlichen Gefahrenbekämpfung und Seuchenabwehr zu einer immer mehr präventiven und künftig eben auch koordinierenden Tätigkeit beschreiten sollen, dann müssen sie auch in den Stand gesetzt werden, diesen Weg beschreiten zu können. Das würde übrigens zugleich die Attraktivität dieses Tätigkeitsfeldes sowohl für junge Ärztinnen und Ärzte als auch für die Angehörigen anderer akademischer Berufe erhöhen, und damit einen weiteren Beitrag zur Kompetenzverbesserung in der Gesundheitsversorgung auf regional-struktureller Ebene leisten können. Es erscheint übrigens lohnend, der Frage der künftigen organisatorischen, personellen, finanziellen und rechtlichen Ausgestaltung der Gesundheitsämter eine die verschiedenen Bundesländer einbeziehende, interdisziplinär (verwaltungswissenschaftlich und juristisch) gestaltete künftige Untersuchung zu widmen.

b) Pflicht zur Beteiligung der relevanten Träger

Da es nicht um eine institutionelle Lösung in Gestalt eines Gremiums geht, meint „Beteiligung" die Pflicht zur tatkräftigen Unterstützung der Kommune bei der Erfüllung der dieser obliegenden Koordinierungsaufgabe. Diese Pflicht besteht aus der Zurverfügungstellung von Informationen, der Erarbeitung von Stellungnahmen und der Bereitschaft, diese innerhalb der eigenen Zuständigkeiten im Rahmen der dort bestehenden Spielräume zu verarbeiten. Darauf ist zu d) näher zurückzukommen. Die Gestaltung des Koordinierungsverfahrens als Umlauf-Verfahren, erforderlichenfalls kombiniert mit Sitzungen, sollte zunächst dem jeweiligen kommunalen Träger überlassen bleiben. Dies gilt auch für die Entscheidung darüber, etwaigenfalls, und sei es nur im Hinblick auf einzelne Sachfragen, eine Untergliederung in Ausschüsse vorzunehmen.

Von entscheidender Bedeutung für die Funktionsfähigkeit dieses neu vorgeschlagenen Mechanismus und damit für die erfolgreiche Wahrnehmung der künftigen Koordinierungsaufgabe ist die Beschränkung des Kreises der innerhalb des Verfahrens zu beteiligenden Träger auf diejenigen Träger, die zumindest in einem der in Teil 2 untersuchten Felder über eine nennenswerte Gestaltungskompetenz verfügen. Dies bedeutet, dass sie beispielsweise Zuständigkeiten besitzen in der Bedarfsplanung (in der ambulanten Medizin) oder in der Krankenhausplanung oder als größerer Rehabilitationsträger agieren etc. Der Kreis sollte daher von vornhe-

---

286 Vgl. etwa im Hinblick auf Baden-Württemberg *Reumann*, Der Landkreis 2012, S. 235.

rein deutlich kleiner gehalten werden als es namentlich bei der kommunalen Gesundheitskonferenz nach § 24 des ÖGDG NRW der Fall ist.[287] Einen geeigneten Orientierungsrahmen bietet m.E. § 28 Abs. 2 Hessisches Krankenhausgesetz 2011, der allerdings die Bereiche Prävention, Rehabilitation und Pflege nicht unmittelbar widerspiegelt (vgl. A I).

M.E. sollte der Kreis der durch den Stadt- oder Landkreis zu beteiligenden Träger bei der Erfüllung der künftigen Aufgabe der felderübergeifenden Koordination der Gesundheitsverantwortung mindestens die folgenden Träger umfassen:
- Eine Vertreterin bzw. einen Vertreter der jeweils zuständigen Kassenärztlichen Vereinigung;
- eine Vertreterin bzw. einen Vertreter des jeweils zuständigen Landesverbands der Krankenkassen und zusätzlich der Ersatzkassen, jeweils auch in ihrer Eigenschaft als Landesverbände der Pflegekassen i.S.v. § 52 Abs. 1 SGB XI;
- eine Vertreterin bzw. einen Vertreter der jeweiligen Landeskrankenhausgesellschaft;
- die Träger sämtlicher Krankenhäuser im Versorgungsgebiet;
- eine Vertreterin bzw. einen Vertreter der jeweiligen Landesärztekammer sowie eine Vertreterin bzw. ein Vertreter des jeweiligen Verbands der privaten Kranken- und Pflegeversicherung;
- sämtliche größeren Träger von Rehabilitations- und Pflegeeinrichtungen im Versorgungsgebiet.

Die aus dem Feld der Prävention stammenden Koordinierungsbedarfe und -impulse können von dem jeweiligen kommunalen Träger selbst unmittelbar eingespeist werden, wenn man dem Vorschlag folgt, die kommunale Ebene zum Ort der verpflichtenden Kooperation und Koordination innerhalb dieses Teilfeldes zu machen.

c) Pflicht zur Gestaltung adäquater Bürgerbeteiligung

Wie bereits mehrfach erwähnt, besitzt die kommunale Ebene auf Grund ihrer gebietskörperschaftlichen, d.h. nicht-sektoralen Legitimation, den Vorzug, die Bürgerinnen und Bürger am besten erfassen und beteiligen zu können. Bekanntlich gibt es bereits zahlreiche Verfahren und Mechanismen der Bürgerbeteiligung auf der kommunalen Ebene.[288] Zusätzlich und unabhängig hiervon sollte in die künftig zu treffenden Regelung für die Verankerung der neuen Koordinierungsaufgabe in der Gesundheitsversorgung eine Verpflichtung der Kommune dahingehend aufgenommen werden, neue, spezifisch auf den Gesundheitssektor bezogene Formen

---

287 Insoweit ist die Kritik von *Wimmer*, DVBl. 2000, S. 28 f., berechtigt.
288 Vgl. zu ihnen stellv. *Burgi*, Kommunalrecht, § 11 Rdnr. 32 ff.

der Bürgerbeteiligung zu erproben. Diese kann in institutioneller Form (über Bürgerforen und –dialoge) und/oder in verfahrensmäßiger Form, insbesondere auch unter Einbeziehung des Internet erfolgen.

d) Koordinationspflicht der einbezogenen Träger

Unmittelbar durch die jeweilige landesgesetzliche Regelung sollte explizit eine Pflicht der zu b) genannten Träger zur Teilnahme an den von der Kommune initiierten Koordinationsprozessen begründet werden. Sicherlich läge hierin gegenüber den Vertreterinnen und Vertretern privater Institutionen ein (vergleichsweise geringfügiger) Eingriff in deren Grundrecht nach Art. 2 Abs. 1 GG,[289] der aber aufgewogen würde durch die damit verbundene Chance zur inhaltlichen Einflussnahme auf die Koordinationsergebnisse. Die Sozialverwaltungsträger, insbesondere die Kassenärztlichen Vereinigungen, Ärztekammern und Gesetzlichen Krankenkassen, können sich nicht auf die Grundrechte berufen, da sie selbst nach Art. 1 Abs. 3 GG an diese gebunden sind.[290] Ob auch sie durch Landesgesetz zur Teilnahme an einem Koordinationsprozess verpflichtet werden können, hängt von der Reichweite der Gesetzgebungskompetenz des Landes und teilweise davon ab, ob durch Landesgesetz Einheiten der Bundesverwaltung zu einem bestimmten Verhalten verpflichtet werden können; hierauf ist daher im abschließenden verfassungsrechtlichen Abschnitt (3 c) einzugehen. Schon hier sei mitgeteilt, dass sich ein durchschlagendes Hindernis für die Realisierung des hier vorgeschlagenen Modells aus den verfassungsrechtlichen Vorgaben nicht ergibt.

e) Einspeisung der Koordinationsergebnisse

Gegenstand der künftigen felderübergreifenden Koordination auf kommunaler Ebene sind mithin die Schnittstellen in der Gesundheitsversorgung jenseits einzelner Felder oder sogar über sämtliche Felder hinweg. Je länger und je intensiver die künftige Koordinationsaufgabe wahrgenommen wird, desto mehr werden voraussichtlich weitere Verzahnungsbereiche identifiziert, wodurch jene Aufgabe immer mehr Bedeutung erlangen wird. Allein schon der permanente wechselseitige Austausch von Informationen, die der kommunale Träger unter den zu b) genannten Trägern zu bewerkstelligen hat, dürfte gegenüber der bisherigen Situation einen erheblichen Mehrwert bewirken.

---

289 Insoweit zutreffend *Wimmer*, DVBl. 2000, S. 29.
290 Insoweit zumindest missverständlich *Wimmer*, DVBl. 2000, S. 29.

Darüber hinaus sollten aber auch konkrete Anregungen und Empfehlungen von der Kommune erarbeitet und formuliert werden, unter Einbeziehung der anderen Träger anhand des näher auszugestaltenden Beteiligungsverfahrens. Die landesgesetzliche Regelung muss für diesen Fall festlegen und sicherstellen, dass solche konkreten Koordinationsergebnisse (jenseits des bloßen Informationsaustausches) tatsächlich alle relevanten Empfänger erreichen und dort nicht missachtet werden. Daher erscheinen folgende Regelungselemente unabdingbar:

– Anregungen und Empfehlungen müssen schriftlich fixiert werden. Dabei müssen auch abweichende Positionen, die beispielsweise von einem oder mehreren der beteiligten Träger (beispielsweise des Vertreters des Landesverbands der Gesetzlichen Krankenkassen oder des Vertreters der privaten Versicherer oder eines Rehabilitationsträgers) gemacht worden sind, dokumentiert werden. Da es sich aber bei dem abschließenden schriftlich fixierten Dokument nicht um einen Beschluss, sondern der Sache nach um den Bericht über einen Koordinationsprozess handelt, ist keine Beschlussfassung mit bestimmten Abstimmungsverhältnissen notwendig.

– Diese Koordinationsergebnisse, differenziert nach den eher schwächeren Anregungen und den eher stärkeren Empfehlungen, müssen an die einzelnen Beteiligten des Koordinationsprozesses im oben (b) genannten Sinne und an alle relevanten Gremien (d.h. an die für strukturelle Entscheidungen zuständigen Einheiten der einzelnen Felder [beispielsweise an den Landesausschuss nach § 90 SGB V oder an das Gemeinsame Landesgremium nach § 90a SGB V]) übermittelt werden. Dabei ist wichtig, dass dies im unmittelbaren zeitlichen Zusammenhang, d.h. vor den dort jeweils anstehenden Beschlussfassungen erfolgt. Diese verfahrensmäßige Form der Einspeisung der Koordinierungsergebnisse wird dadurch ergänzt, dass nach Umsetzung der im Teil 2 in Bezug auf die einzelnen Felder gemachten Reformvorschläge die Weitergabe und ggf. Durchsetzung der Koordinationsergebnisse zusätzlich über die kommunalen Vertreter in jenen Gremien forciert werden kann. Nicht zu unterschätzen ist ferner die jeweils nach Verabschiedung von Anregungen und Empfehlungen entstehende Außenwirkung; die gänzliche Missachtung der Koordinationsergebnisse in jenen Gremien erscheint nach all dem schwer vorstellbar.

– Empfehlungen, die felderübergreifende Schnittstellen betreffen und Inhalte zum Gegenstand haben, hinsichtlich derer ein besonders weiter Spielraum besteht, können durchaus einmal planähnlichen Charakter annehmen. Eine dahingehende Regelung entspräche dem Geist des § 95 Abs. 1 Satz 1 Nr. 2 SGB X, wonach die relevanten Sozialverwaltungsträger und sonstigen Einrichtungen jenseits der spezialgesetzlichen Planungsbereiche „gemeinsame örtliche und überörtliche Pläne ... anstreben" sollen.[291]

3. Verfassungsrechtliche Beurteilung

a) Ausgangslage der Verteilung von Gesetzgebungs- und Verwaltungskompetenzen

Auf der Ebene der Gesetzgebung im Gesundheitswesen dominiert ganz deutlich der Bund, und zwar seit der Einführung der Sozialversicherung auf Reichsebene durch *Otto von Bismarck*. Dessen Ziel war es, durch die Sozialversicherung die Industriearbeiter an das im Werden befindliche Deutsche Reich zu binden. Heute ist der bundesgesetzgeberische Zugriff durch das in diesem Politikfeld besonders dominierende Ziel der Bewahrung einheitlicher Lebens-, sprich Gesundheitsverhältnisse begründet. Die einschlägigen Kompetenzgrundlagen finden sich v.a. in Art. 74 Abs. 1 Nr. 12 GG („Sozialversicherung"; dies schließt das Recht der Leistungserbringung und u.a. die vertragsärztliche Bedarfsplanung ein; wichtigstes Gesetz ist das SGB V) und für den stationären Bereich zusätzlich in Art. 74 Abs. 1 Nr. 19 a GG (für den freilich die Erforderlichkeitsklausel nach Art. 72 Abs. 2 GG gilt); wichtigstes Gesetz ist das KHG.[292] Diese Rechtslage kann als breit akzeptiert gelten. Dort, wo keiner der Kompetenztitel des Art. 74 Abs. 1 GG eingreift, gilt die allgemeine Regelung des Art. 70 Abs. 1 GG, mit der Konsequenz, dass die Länder über die erforderlichen Gesetzgebungsbefugnisse verfügen.

Im Bereich der Verwaltungskompetenz liegt der Schwerpunkt von vornherein mehr bei den Ländern, weil dort die dem Art. 70 Abs. 1 GG vergleichbare Vermutungsregel des Art. 83 GG weniger häufig und weniger intensiv durchbrochen wird. Die länderübergreifend tätigen Sozialversicherungsträger, für die der Bund nach Art. 87 Abs. 2 GG über die Verwaltungskompetenz verfügt, bilden insoweit einen Sonderfall.[293] Freilich hat der Bund insbesondere im SGB V detailliert festgelegt, welche der Landesbehörden das SGB V und das KHG vollziehen sollen und vor allem, dass es sich überwiegend um Sozialverwaltungsträger, d.h. um die Einheiten der funktionalen Selbstverwaltung handeln soll. Die hierfür erforderliche Gesetzgebungskompetenz hat der Bund wiederum der Regelung des Art. 84 Abs. 1 Satz 2 GG (seit der Föderalismusreform I) entnommen, wonach er etwas anderes

---

291 Näher hierzu *Breitkreuz*, in: Diering/Timme/Waschull, SGB X, § 95 Rdnr. 1.
292 Zu den Einzelheiten vgl. *Sodan*, in: ders., Handbuch des Krankenversicherungsrechts, § 2 Rdnr. 21 ff.; *Degenhart*, in: Sachs, GG, Art. 74 Rdnr. 88; *Seewald*, in: Härtel, Handbuch Föderalismus, § 73 Rdnr. 94 ff.; *Pitschas*, VSSR 2012, S. 172 ff.
293 Zu den diesbezüglichen Einzelheiten vgl. *Sodan*, aaO, § 2 Rdnr. 37 ff.; *Burgi*, in: von Mangoldt/Klein/Starck, GG, Band 3, Art. 87 Rdnr. 55 ff.; ferner *Ebsen*, G+S 2011, S. 48 f.

bestimmen darf (als die Länder) über die „Einrichtung der Behörden", wobei den Ländern allerdings das Recht zum Erlass abweichender Regelungen eingeräumt worden ist.

b) Gesetzgebungskompetenz der Länder

Besitzen die Länder nach dem Grundgesetz die Gesetzgebungskompetenz für eine materiell-rechtliche Regelung dahingehend, dass eine neue Sachaufgabe im Bereich der Gesundheitsverantwortung begründet wird, nämlich die Aufgabe der felderübergreifenden Koordinierung, und dass verschiedene Träger, insbesondere auch Teile der bestehenden Sozialverwaltungsträger, Pflichten zur Mitwirkung an jener Koordinationsaufgabe auferlegt werden? Wie bereits erwähnt, verfügen die Länder nach Art. 70 Abs. 1 GG grundsätzlich über das Recht der Gesetzgebung. Sollte eine bundesgesetzliche Regelung erlassen werden, so müsste der Bund stattdessen nachweisen, dass er in Durchbrechung dieser Regel-Ausnahme-Aussage über eine Kompetenz verfügt. In Betracht käme im vorliegenden Zusammenhang insbesondere die Kompetenz für die „Sozialversicherung" nach Art. 74 Abs. 1 Nr. 12 GG, auf deren Grundlage der Bund das SGB V erlassen hat. Sollte er damit abschließend von der ihm durch Art. 74 Abs. 1 Nr. 12 GG eingeräumten Gesetzgebungskompetenz „Gebrauch gemacht" haben, dann würde dies eine Sperrwirkung zu Lasten der Länder entfalten (Art. 72 Abs. 1 GG).[294]

Davon ist richtigerweise nicht auszugehen. Zum einen deswegen nicht, weil die Gesetzgebungskompetenz des Bundes für das Recht der „Sozialversicherung" nach ständiger Rechtsprechung des Bundesverfassungsgerichts nicht eine generelle Kompetenz des Bundes zur Realisierung der in Art. 20 Abs. 1 GG fundierten Aufgaben des Sozialstaats und auch nicht der Aufgaben in Erfüllung der staatlichen Gesundheitsverantwortung (vgl. Teil 1 C I) eröffnet.[295] Zum Zweiten hat der Gesetzgeber selbst mit dem SGB X versicherungszweigübergreifende allgemeine Regeln für die Sozialversicherung normiert und dabei in § 86 eine Pflicht zur Zusammenarbeit unter den Leistungsträgern, ihrer Verbände und sämtlicher in diesem Gesetzbuch genannter öffentlich-rechtlicher Vereinigungen statuiert. Dies wird in den nachfolgenden Paragraphen näher, aber nicht abschließend konkretisiert. Bedenkt man zudem die unterschiedlich starke verfassungsrechtliche Legitimationsbasis der kommunalen Gebietskörperschaften einerseits, der lediglich auf einfachgesetzlicher Einführung beruhender Sozialverwaltungsträger andererseits (Teil 1

---

294 Zu diesem allgemeinen Zusammenhang vgl. hier nur *Pieroth*, in: Jarass/Pieroth, GG, Art. 72 Rdnr. 6 ff.
295 BVerfGE 11, 105 (111); BVerfGE 75, 108 (146); BVerfGE 87, 1 (34); vgl. aus der Literatur *Oeter*, in: von Mangoldt/Klein/Starck, GG, Band 2, Art. 74 Rdnr. 105; *Pieroth*, in: Jarass/Pieroth, GG, Art. 74 Rdnr. 35.

D II), so erscheint es nicht vorstellbar, dass der Gesetzgeber des SGB V eine Sperrwirkung gegenüber landesgesetzlichen Regeln, durch die eine Pflicht zur Mitwirkung an neu geschaffenen Koordinierungsaufgaben von Kommunen begründet wird, errichtet hätte. Durch verschiedene der im Teil 2 der hiesigen Untersuchung vorgeschlagenen rechtspolitischen Änderungen würden überdies zusätzliche Spielräume innerhalb des SGB V geschaffen, die das Einspeisen der Koordinationsergebnisse (vgl. dazu soeben 2) zusätzlich ermöglichen bzw. erleichtern würden.

Es ist daher davon auszugehen, dass die Länder über die Gesetzgebungskompetenz zur Einführung einer neuen materiell-rechtlichen Aufgabe betreffend die felderübergreifende Koordination in der Gesundheitsverantwortung einschließlich der Statuierung der hierzu erforderlichen Mitwirkungspflichten der anderen relevanten Träger verfügen.

c) Verwaltungskompetenz

Am Bestehen der Verwaltungskompetenz zugunsten der Länder bzw. der staatsrechtlich in diese eingegliederten Kommunen kann demnach ebenfalls kein Zweifel bestehen, denn es handelt sich um einen Fall der Ausführung von Landesgesetzen. Indem die Kommunen mit der zuvor statuierten Koordinierungsaufgabe betraut werden, bestimmt der Landesgesetzgeber, wer diese seine materiell-rechtliche Regelung vollzieht. Davon abgedeckt ist auch die verfahrensmäßige Ausgestaltung im oben (2) skizzierten Sinne. Die diesbezügliche Kompetenz des Landes für das Verwaltungsverfahren erstreckt sich auch auf die dem Land zuzurechnenden Sozialverwaltungsträger, insbesondere die Gesetzlichen Krankenkassen und die Kassenärztlichen Vereinigungen auf Landesebene.

So könnte allenfalls problematisch sein, ob der Landesgesetzgeber auch diejenigen Sozialverwaltungsträger in den Koordinationsprozess einbeziehen darf, die zur Bundesverwaltung i.S.v. Art. 87 Abs. 2 GG zählen, weil sie „bundesunmittelbare Körperschaften ... mit Zuständigkeitsbereich ... über das Gebiet eines Landes hinaus" sind. Soll dies im Hinblick auf einzelne der überhaupt durch die hier vorgeschlagene landesgesetzliche Regelung erfassten Sozialverwaltungsträger zutreffen (zum Kreis der Träger vgl. oben 2 a), dann stünde dies jedenfalls im Einklang mit der Kompetenzordnung des Grundgesetzes. Denn, wie *Wolfgang März* zu Recht hervorhebt, würde eine „allgemein aus Art. 20 Abs. 3 GG fließende und alle Normadressaten gleichmäßig erfassende Pflicht zur Beachtung und Befolgung von gliedstaatlichem Gesetz und Recht ... weder mit den Kompetenzzuordnungsregeln noch mit dem Bundesstaatsprinzip kollidieren".[296] Sind somit keine verfassungs-

---

296 In: von Mangoldt/Klein/Starck, GG, Band 3, Art. 30 Rdnr. 35.

rechtlichen Gründe für eine generelle Exemtion der Bundesverwaltung von Landesstaatsgewalt ersichtlich,[297] besteht auch im vorliegenden Zusammenhang, der, wie bereits erwähnt, sowieso auf Abstimmung und Koordination angelegten Aufgabe der Gesundheitsverantwortung kein Anlass, von irgendwie gearteten Ausnahmen zugunsten der Bundes-Sozialleistungsträger auszugehen, zumal es ja „lediglich" um Koordinations-, nicht auch um inhaltliche Beachtungspflichten geht.

---

297 Darauf stellt ab BVerwGE 114, 232 ff.; weiterführend *Schönenbroicher*, DVBl. 1990, S. 811.

Teil 4: Zusammenfassung

I. Ausgangslage

1. Die aktuelle Diskussion um den Hausärztemangel im ländlichen Raum offenbart nach zutreffender Einschätzung ein Symptom, hinter dem die gesundheitspolitische Herausforderung einer stärker als bislang regionalisierten Gesundheitsversorgung steht. Dabei dürfen Strukturreformen nicht allein auf dem Bereich der kurativen Medizin (ambulant und stationär) beschränkt bleiben, sondern müssen mindestens die Felder Prävention, Rehabilitation und Pflege einbeziehen. Das GKV-Versorgungsstrukturgesetz 2011 kann daher lediglich als ein erster Schritt angesehen werden. Zu beurteilen bzw. vorzuschlagen sind Veränderungen bei Strukturelementen, also bei Handlungsinstrumenten (wie beispielsweise der Bedarfsplan in der vertragsärztlichen Versorgung) und bei Organisationsinstrumenten (wie beispielsweise die Landesausschüsse).
2. Neben der Identifizierung und ggf. Weiterentwicklung der Strukturelemente geht es vor allem um die darauf bezogenen Kompetenzen von Kommunen (auf Stadt- bzw. Landkreisebene), vielfach ist es aber auch erforderlich, die Kompetenzen der übergeordneten Gebietskörperschaften, d.h. der Länder, einzubeziehen.
3. Es liegt auf der Hand, dass derart festgefügte organisatorische Strukturen, wie sie in der Gesundheitsversorgung festzustellen sind, nicht zuerst und vor allem nicht allein durch Impulse aus dem Recht, sondern dadurch in Bewegung geraten werden, dass bei den Versorgungsbedürftigen und in der Versorgungslandschaft, also in der Realität, Probleme und (daraus abgeleitet) etwaige Steuerungsdefizite sichtbar werden.
4. Bestehende und ggf. künftig neu zu schaffende Strukturelemente, die an den Zielen der Sicherstellung einer flächendeckenden, gleichmäßigen und qualitätvollen Versorgung der Bevölkerung bei gleichzeitiger Gewährleistung von Wirtschaftlichkeit, Preisstabilität und Effizienz orientiert sind, also funktionsgerecht sein sollen, müssen den folgenden Anforderungen entsprechen:
   – Gewährleistung problem- und sachnaher Entscheidungen, und dies bei hinreichender Flexibilität;
   – Berücksichtigung der zunehmenden Verzahnung der Felder;
   – Stärkere Berücksichtigung der einzelnen Betroffenen, d.h. der zu versorgenden Menschen, und zwar stärker (auch) als Akteure. Dies schließt auch eine verstärkte Beteiligung an den zu treffenden Entscheidungen ein.

5. Die Analyse der Profile der einzelnen Akteure erweist ein deutliches, vom Normalfall der Kompetenzverteilung in der Bundesrepublik abweichendes Übergewicht der Sozialverwaltungsträger (u.a. Gesetzliche Krankenkassen, Kassenärztliche Vereinigungen, Bundes- und Landesausschüsse, Gemeinsamer Bundesausschuss etc.). Hingegen ist die gegenwärtige Kompetenzausstattung der Länder und Kommunen insbesondere im Bereich der vertragsärztlichen Versorgung auffallend schwach. Dies gibt Anlass zum Nachdenken, weil gerade die Länder und Kommunen ein gebietsbezogener Ansatz kennzeichnet, der den ganzheitlichen Zugriff auf die Sachfragen bei bestmöglicher demokratischer Legitimation und vergleichsweise besseren Voraussetzungen für die Organisation von Bürgerbeteiligung bietet. In jedem der Sozialverwaltungsträger wird demgegenüber lediglich eine bestimmte Teilgruppe über eine Teilfunktion verfasst; charakteristisch ist hier der sektorale Zugriff.
6. Angesichts der gegebenen Umstände und teilweise sich verschärfender Defizite ist eine Überprüfung der bestehenden Versorgungsstrukturen indiziert. Zeigen sich Leistungsgrenzen der sozialen Selbstverwaltung, dann muss der Staat als Gesetzgeber hierauf reagieren, denn er bildet die letzte Instanz der im Grundgesetz als Staatsziel verankerten Gesundheitsverantwortung.
7. Die Garantie der kommunalen Selbstverwaltung nach Art. 28 Abs. 2 GG kommt in der bisherigen Beschäftigung mit dem Sozial- und Gesundheitsrecht interessanterweise so gut wie gar nicht vor. Dabei kann kein Zweifel daran bestehen, dass die Gesundheitsversorgung der eigenen Bevölkerung eine Angelegenheit der örtlichen Gemeinschaft ist. Daraus ergeben sich unmittelbar Konsequenzen für die gegenwärtige Reformdiskussion, wobei Art. 28 Abs. 2 GG einen veritablen verfassungsrechtlichen Hebel für Bemühungen um eine stärkere Regionalisierung der Gesundheitsversorgung darstellt.

II. Konzept

1. Die Leitidee dieser Untersuchung besteht darin, innerhalb des normativen Rahmens der jeweiligen Felder (Prävention, kurative Medizin mit den beiden Sektoren vertragsärztliche Versorgung und Krankenhausversorgung, Rehabilitation und Pflege) Spielräume für kommunale und landesbezogene Entwicklungen und Gestaltungen zu eröffnen. Dies zielt auf verbesserte Ergebnisse innerhalb dieser Felder und soll zusätzlich Räume schaffen, in denen die neue Aufgabe einer felderübergreifenden Gesundheitsversorgung in einer künftig erst zu schaffenden Struktur bewältigt werden kann. Die Zuordnung bestimmter Kompetenzen zur kommunalen Ebene bzw. zur Ebene der Länder wird sich dann als funktionsgerecht erweisen, wenn dort den Anforderungen an eine qualitätsvol-

le, gleichmäßige und wirtschaftliche Gesundheitsversorgung besser entsprochen werden kann.
2. Angesichts des im vorhandenen Systems vorhandenen know hows, der finanziellen Zusammenhänge und im Interesse einer realistischen Umsetzungsperspektive wird ein evolutiver Ansatz verfolgt.

III. Reformvorschläge für die einzelnen Felder

Die Reformvorschläge werden jeweils danach differenziert, ob eine Kompetenzverschiebung zugunsten der Kommunen im Hinblick auf bestehende Strukturelemente in Betracht kommt, oder ob ein neues Strukturelement eingeführt werden sollte.

1. Prävention i.w.S.
a) Beim Spitzenverband Bund der Gesetzlichen Krankenversicherungen sollten zwei durch die Gesundheitsministerkonferenz der Länder zu bestimmende Vertreter sowie Vertreter der kommunalen Spitzenverbände mit einem Mitberatungsrecht ausgestattet werden. In gleicher Weise sollte verfahren werden bezüglich der Beratung von präventionsrelevanten Richtlinien auf der Ebene des Gemeinsamen Bundesausschusses. Auf der Ebene der Landesgesetzgebung sollte durchgehend eine Pflicht zur Einrichtung kommunaler Präventionskonferenzen und damit eine Pflicht zur verstärkten Kooperation der einzelnen Akteure eingeführt werden.
b) Mit dem etwaigen Ausbau regionaler Präventionsbudgets entsteht ein weiteres Strukturelement, auf das sich die soeben genannte Kooperationspflicht ebenfalls erstrecken sollte.

2. Kurative Medizin
– **Vertragsärztliche Versorgung**
   a) Zum Ausbau der Kompetenzen der Länder bzw. der Kommunen im Hinblick auf bestehende Strukturelemente in der ambulanten Gesundheitsversorgung werden die folgenden Vorschläge gemacht:
      – Ein Recht auf Stellungnahme zugunsten der Kommunen bei der Bedarfsplanung nach § 99 Abs. 1 SGB V;
      – Die Umwandlung der bisherigen Richtlinienbefugnis des Gemeinsamen Bundesausschusses bei der Bedarfsplanung (mit Abweichungsbefugnis

der Länder) in eine Rahmenplanung mit Konkretisierungsbefugnis der Länder nach § 99 Abs. 1 SGB V;
- Ein Mitberatungsrecht der Kommunen in den Landesausschüssen nach § 90 Abs. 4 SGB V bzw. mittelbar über die Länder;
- Ein Mitberatungsrecht für Kommunen im Gemeinsamen Bundesausschuss;
- Ein Initiativrecht mit Befassungspflicht und ein Recht zur Stellungnahme mit Benehmensregelung bei Selektivverträgen zugunsten der Länder und unter vorheriger Einbeziehung der Kommunen durch die Länder;
- Die Ermöglichung auch öffentlich-rechtlicher Organisationsformen für eigene Einrichtungen und der Verzicht auf die Zustimmung der Kassenärztlichen Vereinigung vor der Schaffung eigener Einrichtungen.

b) Weitergehenden, insbesondere das gegenwärtige System der Sicherstellungsverantwortung der Kassenärztlichen Vereinigungen überwindenden Forderungen wird eine Absage erteilt. Wichtiger ist es, die Kompetenzen der Kommunen bzw. der Länder im Hinblick auf die fortbestehenden Strukturelemente zu erweitern und vor allem, dabei Spielräume für Verzahnungen, d.h. für integrierende bzw. koordinierende Lösungen zu schaffen.

- **Krankenhausversorgung**
  a) Die Krankenhausplanung bietet ein wichtiges Strukturelement für Ansätze verzahnenden Charakters. Auf der Ebene der einzelnen Bundesländer sollten die bislang vereinzelt verwirklichten „regionalen Planungskonzepte" bzw. die Beteiligung von kommunalen Vertretern in den einschlägigen Gremien kraftvoll realisiert werden. Daneben bietet die kommunale Krankenhausträgerschaft ein wichtiges Strukturelement. Dies sollte bei etwaigen Privatisierungsüberlegungen bedacht werden. Zumindest ist im Falle einer Privatisierung dafür Sorge zu tragen, dass die unaufgebbare allgemeinpolitische Verantwortung der Kommune, insbesondere im Hinblick auf Vernetzungen, realisierbar bleibt.
  b) Im Krankenhaussektor besteht gegenwärtig kein normativer Handlungsbedarf zugunsten einer stärkeren Regionalisierung. Umgekehrt wäre eine Zuordnung der Planungs- und/oder der Sicherstellungsverantwortung zu den Gesetzlichen Krankenkassen und/oder weiteren Trägern der sozialen Selbstverwaltung im Hinblick auf die Garantie der kommunalen Selbstverwaltung nach Art. 28 Abs. 2 GG verfassungsrechtlich problematisch.

- **Sektorenübergreifende Strukturelemente**
  a) Das GKV-VStG hat mit dem „Gemeinsamen Landesgremium" gemäß § 90a SGB V erstmals ein Organisationsinstrument zur Bewirkung einer sektorenübergreifenden kurativen Gesundheitsversorgung geschaffen. Die entsprechenden Vorschriften sollten nun ergänzt werden um eine Pflicht zur

Schaffung dieses Gremiums in allen Ländern und um eine Pflicht zur Aufnahme von Vertretern der Kommunen in den Kreis der „weiteren Beteiligten". Hilfsweise sollten jedenfalls die Landesgesetzgeber tätig werden. Ein weiterer Reformvorschlag geht dahin, die Berechtigung zur Abgabe von Stellungnahmen nicht in das Belieben der Landesgesetzgebung zu stellen, sondern diese bereits im SGB V vorzuschreiben. Ebenso wichtig ist es, idealerweise auf der Ebene des SGB V, hilfsweise auf der Ebene der jeweiligen Landesgesetzgebung, ausdrücklich festzustellen, dass die Nichtberücksichtigung einer abgegebenen Stellungnahme die daraufhin getroffenen Entscheidungen (etwa bei der Aufstellung eines Bedarfsplans nach § 99 Abs. 1 SGB V) in formeller Hinsicht rechtswidrig werden lässt. Wichtig wäre ferner eine ausdrückliche Regelung dahingehend, dass sowohl die Abgabe von Empfehlungen als auch (und erst recht) die Gelegenheit zur Stellungnahme in das jeweilige Verfahren der Beschlussfassung auf sektoraler Ebene (also beispielsweise im Zusammenhang mit der Aufstellung von Bedarfsplänen) explizit integriert werden muss.

b) Nicht indiziert ist zum gegenwärtigen Zeitpunkt die Veränderung des neuartigen Strukturelements des „Gemeinsamen Landesgremiums" dahingehend, dass diesem Entscheidungsbefugnisse für einen oder beide betroffenen Sektoren zugeordnet würden.

3. Rehabilitation

a) Hier sollte eine gesetzgeberische Klarstellung zur Rolle der Kommunen bei der Bedarfssteuerung erfolgen (in § 19 SGB IX bzw. hilfsweise auf Landesebene). Des Weiteren sollten die kommunalen Spitzenverbände in den Kreis der Mitberatungsberechtigten auf der Ebene der Bundesarbeitsgemeinschaft für Rehabilitation, die gemäß § 20 Abs. 3 Satz 1 SGB IX gemeinsame Empfehlungen zu Qualitätsstandards vorbereitet, aufgenommen werden. Alternativ bestünde auch hier die Option einer landesrechtlichen Lösung.

b) Neue Strukturelemente sind in der wissenschaftlichen Diskussion im Rehabilitationsbereich bislang nicht ersichtlich und erscheinen auch nicht angezeigt.

4. Pflege

a) Hinsichtlich der Planungsstrukturen bei der Pflegeinfrastruktur besteht Reformbedarf insoweit, als die Landespflegegesetze noch nicht voll umfänglich an das moderne, zurückhaltendere Planungsverständnis angepasst worden sind und die Planungsaufgabe allein auf Landesebene angesiedelt ist. Ein sinnvolles Instrument zur Beteiligung der verschiedenen, insbesondere auch der kommunalen Akteure, sind die in einigen Landesgesetzen bereits vorgesehenen Pflegekonferenzen. Zu befürworten ist dabei eine obligatorische, d.h. nicht bloß fakultative Institutionalisierung solcher Konferenzen bei den Kommunen. Ebenfalls in allen Bundesländern vorgesehen werden sollte die zwingende Kooperation zwischen Pflegekassen und Kommunen in den sog. Pflegestützpunkten.

b) Der Aufgabenkreis der sonach in allen Bundesländern einzuführenden Pflegekonferenzen sollte ferner explizit um die sog. sozialräumliche Planung erweitert werden. Dies sollte ausdrücklich von einer Pflicht zur Mobilisierung bürgerschaftlichen Engagements vermittels entsprechender Mechanismen begleitet werden.

IV. Felderübergreifende Koordination als Aufgabe der Zukunft in kommunaler Verantwortung

1. Die künftige Aufgabe der Bewirkung einer felderübergreifenden strukturellen Verzahnung ist eine Aufgabe koordinierenden Charakters. Sie besteht aus Informationssammlung und –austausch, der wechselseitigen Aufnahme von Impulsen und sodann aus der Erarbeitung von Anregungen und Empfehlungen für die Verantwortungsträger in den einzelnen Feldern, aber auch gegenüber den Leistungserbringern. Mit den Vorschlägen für die Veränderung von Strukturelementen innerhalb der einzelnen Felder wurde eine wesentliche Voraussetzung dafür geschaffen, dass auf einer solchen neuen Ebene überhaupt Impulse untereinander aufgenommen und ausgetauscht werden können. Inhaltlich geht es bei dieser neuen Aufgabe vor allem um Bedarfsbestimmungen, Angebots- und Nachfragestrukturen, Qualität und Qualitätssicherung sowie Förderungs- und Finanzierungsnotwendigkeiten.
2. Diese künftige Aufgabe der felderübergreifenden Koordination soll unmittelbar den Kommunen auf der Stadt- und Landkreisebene anvertraut werden. Dies bietet die Möglichkeit zur Bürgerbeteiligung und besitzt gegenüber den bisher existierenden konferenzartigen Gremienlösungen den Vorteil der größeren Effektivität. Ein weiteres Argument zugunsten der Zuordnung der künftigen Koordinierungsaufgaben in der Gesundheitsversorgung zur kommunalen Ebene liegt in der dort künftig verbesserten Fähigkeit zur Weitergabe der Koordinierungsergebnisse an die in den einzelnen Feldern verantwortlichen Träger. Die Kommunen sind als einzige in Frage kommende Einheit vielfach selbst verantwortlicher Träger und sie besitzen bereits in mehreren Feldern Koordinierungskompetenzen. Durch die im vorherigen Teil vorgeschlagenen Reformen würden ihnen weitere Mitwirkungsrechte in relevanten Gremien der einzelnen

Felder zustehen. Die Kommunen können so als eine Art Spinne innerhalb des Netzes der Gesundheitsversorgung angesehen werden. Möchte man, dass das Netz immer dichter gesponnen wird, dass also immer mehr Koordinierung stattfindet, so erscheint es naheliegend, damit (um in diesem Bilde zu bleiben) die Spinne zu betrauen.

3. Zur Umsetzung dieses Vorschlags würde in den Landesgesetzen die künftige Aufgabe einer felderübergreifenden Koordination als sog. Pflichtaufgabe ohne Weisung normiert. Dies sollte naheliegenderweise im normativen Kontext des jeweiligen Gesetzes über den öffentlichen Gesundheitsdienst erfolgen. Auf der Ebene der einzelnen Stadt- und Landkreise spricht Einiges für eine Zuordnung zu den vorhandenen Gesundheitsämtern. Gleichfalls landesgesetzlich verankert werden sollte eine Pflicht zur Beteiligung aller relevanten Träger mit Gestaltungskompetenz in einem oder mehreren der anderen Felder. Die Ausgestaltung des Koordinierungsverfahrens kann als Umlauf-Verfahren, ggf. kombiniert mit Sitzungen erfolgen. Unmittelbar durch die jeweilige landesgesetzliche Regelung sollte ferner eine Pflicht der erwähnten Träger zur Teilnahme an den von der Kommune initiierten Koordinationsprozessen begründet werden.

Neben dem Informationsaustausch sollten auch konkrete Anregungen und Empfehlungen von der Kommune erarbeitet und formuliert werden, und zwar unter Einbeziehung der anderen Träger anhand des näher ausgestalteten Beteiligungsverfahrens. Die landesgesetzliche Regelung muss für diesen Fall festlegen und sicherstellen, dass solche konkreten Koordinationsergebnisse rechtzeitig in die Entscheidungsprozesse der relevanten Gremien in den einzelnen Feldern eingespeist werden.

Literaturverzeichnis

AOK-Bundesverband (Hrsg.): Neue Wege für eine hochwertige, wohnortnahe medizinische Versorgung, Berlin 2010, abrufbar im Internet: <http://www.aok-bv.de/politik/reformaktuell/index_04559.html> (Stand: 16.1.2013).

Arbeitsgemeinschaft der Obersten Landesgesundheitsbehörden (Hrsg.): Die Primärversorgung in Deutschland im Jahr 2020, Bericht zur Sicherstellung der hausärztlichen Versorgung für die 81. Gesundheitsministerkonferenz der Länder 2008, abrufbar im Internet: <http://www.gmkonline.de/_beschluesse/Protokoll_81-GMK_Top0501_Anlage_AOLG-Bericht.pdf> (Stand: 16.1.2013).

von Arnauld, Andreas/Musil, Andreas (Hrsg.): Strukturfragen des Sozialverfassungsrechts, Tübingen 2009.

Axer, Peter: Gesundheitswesen, in: Isensee, Josef/Kirchhof, Paul (Hrsg.): Handbuch des Staatsrechts, Band IV – Aufgaben des Staates, 3. Aufl., Heidelberg 2006, § 95.

Baumeister, Peter/Roth, Wolfgang/Ruthig, Josef (Hrsg.): Staat, Verwaltung und Rechtsschutz – Festschrift für Wolf-Rüdiger Schenke zum 70. Geburtstag, Berlin 2011.

Bäune, Stefan/Dahm, Franz-Josef/Flasbarth, Roland: Vertragsärztliche Versorgung unter dem GKV-Versorgungsstrukturgesetz, Medizinrecht (MedR) 2012, S. 77.

Becker, Peter: Prävention in der gesetzlichen Unfallversicherung, Zeitschrift für betriebliche Prävention und Unfallversicherung (BPUVZ) 2012, S. 82.

Becker, Ulrich/Kingreen, Thorsten (Hrsg.): SGB V – Gesetzliche Krankenversicherung – Kommentar, 3. Aufl., München 2012.

Becker, Ulrich/Schweitzer, Heike: Wettbewerb im Gesundheitswesen – Welche gesetzlichen Regelungen empfehlen sich zur Verbesserung eines Wettbewerbs der Versicherer und Leistungserbringer im Gesundheitswesen?, Gutachten B zum 69. Deutschen Juristentag, München 2012.

Beske, Fritz/Brix, Fred/Gebel, Volkram/Schwarz, Thomas: Gesundheit und Pflege in Schleswig-Holstein – Interessenübergreifende Analyse und Perspektive, Kiel 2012.

Bieback, Karl-Jürgen: Prävention als Prinzip und Anspruch im Sozialrecht, insbesondere in der gesetzlichen Krankenversicherung, Zeitschrift für Sozialreform (ZSR) 2003, S. 403.

Blanke, Bernhard: Kommunale Selbstverwaltung auf dem Pflegemarkt nach SGB XI – zwischen Einschätzungsprärogative, Subsidiarität und Kundenorientierung, in: Mehde, Veith u.a. (Hrsg.), Festschrift für Hans Peter Bull, Berlin 2011, S. 461.

Bredehorst, Marlis: Strukturveränderungen bei der Bedarfsplanung und der Verzahnung von ambulanter und stationärer Versorgung – notwendige Weiterentwicklung aus Sicht der Bundesländer, Zeitschrift für das gesamte Medizin- und Gesundheitsrecht (ZMGR) 2011, S. 204.

Bull, Hans Peter: Zur Lage der Selbstverwaltung in der Sozialversicherung – Staatstheoretische und verfassungsrechtliche Bemerkungen, Die Krankenversicherung (KrV) 1976, S. 175.

Bumke, Christian: Die Pflicht zur konsistenten Gesetzgebung, Der Staat 49 (2010), S. 77.

Burgi, Martin: Selbstverwaltung angesichts von Europäisierung und Ökonomisierung, Veröffentlichungen der Vereinigung der Deutschen Staatsrechtslehrer (VVDStRL) 62 (2003), S. 405.

ders.: BA-Verwaltungsrat und GKV-Bundesausschuss – Hund und Katz in Selbstverwaltung, Neue Juristische Wochenschrift (NJW) 2004, S. 1365.

ders.: Das subjektive Recht im Energie-Regulierungsverwaltungsrecht, Deutsches Verwaltungsblatt (DVBl.) 2006, S. 269.

ders.: Künftige Aufgaben der Kommunen im sozialen Bundesstaat, Deutsches Verwaltungsblatt (DVBl.) 2007, S. 70.

ders.: Verwaltungsorganisationsrecht, in: Erichsen, Hans-Uwe/Ehlers, Dirk (Hrsg.), Allgemeines Verwaltungsrecht, 14. Aufl., Berlin 2010.

ders.: Moderne Krankenhausplanung zwischen staatlicher Gesundheitsverantwortung und individuellen Trägerinteressen, Neue Zeitschrift für Verwaltungsrecht (NVwZ) 2010, S. 601.

ders.: Der Vertragsarzt und die Konkurrenz neuer Versorgungsformen im Spiegel von Schutznormlehre und Regulierungsansatz, in: Baumeister, Peter u.a. (Hrsg.), Festschrift für Wolf-Rüdiger Schenke, Berlin 2011, S. 635.

ders.: Kompetenzverteilung zwischen Bund, Ländern, Kommunen und Sozialverwaltungsträgern im Gesundheitssektor, in: Henneke, Hans-Günter (Hrsg.), Kommunale Verantwortung für Gesundheit und Pflege, Stuttgart 2012, S. 28.

ders.: Rechtsregime, in: Hoffmann-Riem, Wolfgang u.a. (Hrsg.), Grundlagen des Verwaltungsrechts, Band I, 2. Aufl., München 2012, § 18.

ders.: Kommunalrecht, 4. Aufl., München 2012.

Burgi, Martin/Maier, Petra: Kompetenzfragen der Krankenhausplanung – Vom Bundesstaat zum Kassenstaat?, Die öffentliche Verwaltung (DÖV) 2000, S. 579.

Butzer, Hermann: Sicherstellungsauftrag, in: Isensee, Josef/Kirchhof, Paul (Hrsg.): Handbuch des Staatsrechts, Band IV – Aufgaben des Staates, 3. Aufl., Heidelberg 2006, § 74.

Butzer, Hermann/Kaltenborn, Markus: Die demokratische Legitimation des Bundesausschusses der Ärzte und Krankenkassen, Medizinrecht (MedR) 2001, S. 333.

Calliess, Christian/Ruffert, Matthias (Hrsg.): EUV/AEUV – Kommentar, 4. Aufl., München 2011.

Cornils, Matthias: Rationalitätsanforderungen an die parlamentarische Rechtsetzung im demokratischen Rechtsstaat, Deutsches Verwaltungsblatt (DVBl.) 2011, S. 1053.

Dahme, Heinz-Jürgen/Wohlfahrt, Norbert: Paradigmenwechsel in der Prävention – Von der Gesundheitsförderung zum Gesundheitsmanagement?, Zeitschrift für Sozialreform (ZSR) 1997, S. 778.

Degener-Hencke, Udo: Krankenhausversorgung und -finanzierung, in: Huster, Stefan/ Kaltenborn, Markus (Hrsg.), Krankenhausrecht, München 2010, § 5.

Deutsche Krankenhausgesellschaft: DKG-Konzept zur Reform der ambulanten ärztlichen Versorgung, Das Krankenhaus (KH) 2010, S. 725.

Deutscher Landkreistag (Hrsg.): Unterstützung und Hilfe im Alter – Themenpapier des Deutschen Landkreistages, Berlin 2010, abrufbar im Internet: < http://www.kreise.de/__cms1/images/stories/themen/Senioren/unsterttzung%20und%20hilfe%20im%20alter.pdf> (Stand: 16.1.2013).

Diering, Björn/Timme, Hinnerk/Waschull, Dirk (Hrsg.): Sozialgesetzbuch X – Sozialverwaltungsverfahren und Sozialdatenschutz – Lehr- und Praxiskommentar, 3. Aufl., Baden-Baden 2011.

Ebsen, Ingwer: Zur Rolle der Länder bei der Sicherstellung bedarfsgerechter medizinischer Versorgung in der GKV, Gesundheits- und Sozialpolitik (G+S) 2011, S. 46.

Eichendorfer, Eberhard/Wenner, Ulrich (Hrsg.): SGB I, IV, X – Kommentar, Neuwied 2012.

Eifert, Martin: Regulierungsstrategien, in: Hoffmann-Riem, Wolfgang u.a. (Hrsg.), Grundlagen des Verwaltungsrechts, Band I, 2. Aufl., München 2012, § 19.

Engelmann, Klaus/Schlegel, Rainer (Hrsg.): juris-Praxiskommentar SGB V – Gesetzliche Krankenversicherung, 2. Aufl., Saarbrücken 2012.

Erichsen, Hans-Uwe/Ehlers, Dirk (Hrsg.): Allgemeines Verwaltungsrecht, 14. Aufl., Berlin 2010.

Fehling, Michael/Ruffert, Matthias (Hrsg.): Regulierungsrecht, Tübingen 2010.

Fischer, Andrea: Länderinitiative zur Sicherstellung der ambulanten ärztlichen Versorgung, in: Pitschas, Rainer (Hrsg.), Versorgungsstrukturen im Umbruch, Frankfurt a.M. 2012, S. 21.

Franzius, Claudio: Bedarfsplanung als spezifisches Regulierungsrecht, Vierteljahresschrift für Sozialrecht (VSSR) 2012, S. 49.

Freese, Jörg: Versorgungsstrukturgesetz ist kein „Landärztegesetz", Der Landkreis 2012, S. 236.

Freese, Jörg: Das Kreisgesundheitsamt – Grundlegender Bestandteil des deutschen Gesundheitswesens, Der Landkreis 2011, S. 74.

Frenzel, Eike Michael: Das Regulierungsverwaltungsrecht als öffentliches Recht der Netzwirtschaften, Juristische Arbeitsblätter (JA) 2008, S. 868.

Friedrich, Ursula: Kommunaler Sicherstellungsauftrag zur Krankenhausversorgung, in: Huster, Stefan/Kaltenborn, Markus (Hrsg.), Krankenhausrecht, München 2010, § 16A.

Fuchs, Maximilian/Preis, Ulrich: Sozialversicherungsrecht, 2. Aufl., Köln 2009.

Gäfgen, Gérard (Hrsg.): Neokorporatismus und Gesundheitswesen, Baden-Baden 1998.

GKV-Spitzenverband (Hrsg.): Zukunft der ambulanten Versorgung – differenzierte, sektorübergreifende Bedarfsplanung, Berlin 2010, abrufbar im Internet: <http://www.gkv-spitzenverband.de/media/dokumente/presse/pressemitteilungen/2010 / PM_2010-05-11_Anlage_Positionspapier_zu_Aerztliche_Primaerversorgung_staerken_13422.pdf> (Stand: 16.1.2013).

Greß, Stefan/Stegmüller, Klaus: Gesundheitliche Versorgung in Stadt und Land – ein Zukunftskonzept, Die Krankenversicherung (KrV) 2011, S. 141.

Greß, Stefan/Stegmüller, Klaus: Gesundheitliche Versorgung in Stadt und Land – ein Zukunftskonzept, Expertise für die Friedrich-Ebert-Stiftung, Wiesbaden 2011, abrufbar im Internet: <http://library.fes.de/pdf-files/bueros/hessen/07866.pdf> (Stand: 16.1.2013).

Grzeszick, Bernd: Rationalitätsanforderungen an die parlamentarische Rechtsetzung im demokratischen Rechtsstaat, Veröffentlichungen der Vereinigung der Deutschen Staatsrechtslehrer (VVDStRL) 71 (2012), S. 49.

Härtel, Ines (Hrsg.): Handbuch Föderalismus, Band III – Entfaltungsbereiche des Föderalismus, Heidelberg 2012.

Hauck, Karl/Noftz, Wolfgang (Hrsg.): Sozialgesetzbuch SGB IX – Rehabilitation und Teilhabe behinderter Menschen – Kommentar, Stand: 3/2012, Berlin 2001 ff.

Heinemann, Horst: Stadtentwicklung und Gesundheit, Bad Homburg 1998.

Henneke, Hans-Günter (Hrsg.): Kommunale Verantwortung für Gesundheit und Pflege – Professorengespräch 2012 des Deutschen Landkreistages, Stuttgart 2012.

Hense, Ansgar: Soziale Infrastruktur – der stationäre Sektor, in: Fehling, Michael/Ruffert, Matthias (Hrsg.), Regulierungsrecht, Tübingen 2010, § 16.

Hess, Rainer: Reformbedarf der ambulanten Bedarfsplanung, Gesundheits- und Sozialpolitik (G+S) 1/2011, S. 21.

Hess, Rainer: Perspektiven der Bedarfsplanung aus Sicht des Gemeinsamen Bundesausschusses, Zeitschrift für das gesamte Medizin- und Gesundheitsrecht (ZMGR) 2011, S. 207.

Hilligardt, Jan: Ambulante ärztliche Versorgung in den hessischen Landkreisen sichern!, Der Landkreis 2012, S. 238.

Hoffmann, Ruth: Pflegestützpunkte und BeKo Hand in Hand – Das Modell Gießen, Der Landkreis 2012, S. 101.

Hoffmann-Riem, Wolfgang/Schmidt-Aßmann, Eberhard/Voßkuhle, Andreas (Hrsg.): Grundlagen des Verwaltungsrechts, Band I – Methoden, Maßstäbe, Aufgaben, Organisation, 2. Aufl., München 2012.

Höfling, Wolfram: Vom Krankenhausrecht zum Krankenhausregulierungsrecht, GesundheitsRecht (GesR) 2007, S. 289.

Huber, Ellis: Gesundheitsförderung und Kommunale Gesundheitspolitik, abrufbar im Internet: <http://www.praeventologe.de/images/stories/Aktuelles/kommunale_ges-politik_kurz.pdf> (Stand: 16.1.2013).

Huster, Stefan/Kaltenborn, Markus (Hrsg.): Krankenhausrecht, München 2010.

Igl, Gerhard: Entstehungsgeschichte der sozialen Pflegeversicherung, Vierteljahresschrift für Sozialrecht (VSSR) 1994, S. 261.

ders.: Die soziale Pflegeversicherung, Neue Juristische Wochenschrift (NJW) 1994, S. 3185.

ders.: Gesundheitliche Prävention im Sozialrecht (Einführung), Zeitschrift für Sozialreform (ZSR) 2003, S. 340.

ders.: Das Gesetz zur strukturellen Weiterentwicklung der Pflegeversicherung, Neue Juristische Wochenschrift (NJW) 2008, S. 2214.

Isensee, Josef/Kirchhof, Paul (Hrsg.): Handbuch des Staatsrechts, Band IV – Aufgaben des Staates, 3. Aufl., Heidelberg 2006.

Jacobs, Klaus/Schulze, Sabine: Bauer sucht Arzt, Gesundheit und Gesellschaft (G+G), 3/2010, S. 20.

Jakobs, Reiner: Eine Alternative zu Pflegestützpunkten, Der Landkreis 2012, S. 103.

Jarass, Hans D./Pieroth, Bodo (Hrsg.): Grundgesetz für die Bundesrepublik Deutschland – Kommentar, 12. Aufl., München 2012.

Kaltenborn, Markus/Völger, Jessica: Die Neuordnung des Bedarfsplanungsrecht durch das GKV-Versorgungsstrukturgesetz, GesundheitsRecht (GesR) 2012, S. 129.

Kaltenborn, Markus/Weiner, Katharina: Beschaffungsfragen und Public Private Partnership (PPP) im Krankenhauswesen, in: Huster, Stefan/Kaltenborn, Markus (Hrsg.), Krankenhausrecht, München 2010, § 15.

Kapferer, Stefan: Die Rolle des ÖGD im Gesundheitswesen in Deutschland aus Sicht des Bundesgesundheitsministeriums, Der Landkreis 2011, S. 73.

Kasseler Kommentar zum Sozialversicherungsrecht (hrsg. v. Stephan Leitherer), Stand: 6/2012, München 1990 ff.

Kassenärztliche Bundesvereinigung (Hrsg.)**:** Neuausrichtung der ambulanten medizinischen Versorgung – Gesundheitspolitische Vorschläge der KBV, Berlin 2010, abrufbar im Internet: <http://www.kbv.de/25545.html> (Stand: 16.1.2013).

Kingreen, Thorsten: Legitimation und Partizipation im Gesundheitswesen – Verfassungsrechtliche Kritik und Reform des Gemeinsamen Bundesausschusses, Neue Zeitschrift für Sozialrecht (NZS) 2007, S. 113.

*ders.***:** Governance im Gesundheitsrecht – Ein Beitrag zur Bedeutung der Referenzgebiete für die verwaltungsrechtswissenschaftliche Methodendiskussion, Die Verwaltung (DV) 42 (2009), S. 339.

Klie, Thomas (Hrsg.)**:** Fürs Alter planen – Beiträge zur kommunalen Altenplanung, Freiburg 2002.

Klie, Thomas/Krahmer, Utz (Hrsg.)**:** Sozialgesetzbuch XI – Soziale Pflegeversicherung – Lehr- und Praxiskommentar, 3. Aufl., Baden-Baden 2008.

*Kluth, Winfried***:** Kassenärztliche Vereinigungen – Körperschaften des öffentlichen Rechts, Medizinrecht (MedR) 2003, S. 123.

*Koenig, Christian/Schreiber, Kristina***:** Das undenkbare Denken – Nur ein staatlich unabhängig regulierter Selektivvertragswettbewerb zieht die GKV aus dem Sumpf des Korporatismus, GesundheitsRecht (GesR) 2010, S. 127.

*Köhler, Andreas***:** Die Neustrukturierung der Bedarfsplanung, Zeitschrift für das gesamte Medizin- und Gesundheitsrecht (ZMGR) 2011, S. 211.

Kommunale Gemeinschaftsstelle für Verwaltungsmanagement (Hrsg.)**:** Bericht 11/1998 – Ziele, Leistungen und Steuerung des kommunalen Gesundheitsdienstes, Köln 1998.

*Kopetsch, Thomas***:** Bedarfsplanung – Das Reformkonzept der Kassenärztlichen Bundesvereinigung, Gesundheits- und Sozialpolitik (G+S) 1/2011, S. 34.

*Kötter, Matthias***:** Verantwortungsverteilung – ein sozialverfassungsrechtliches Strukturprinzip im Spiegel diskursiver Wandlungen seit den fünfziger Jahren, in: von Arnauld, Andreas/Musil, Andreas (Hrsg.), Strukturfragen des Sozialverfassungsrechts, Tübingen 2009, S. 129.

*Kühl, Kristina***:** Sicherstellung ambulanter medizinischer Versorgung in ländlichen Regionen, 2012.

*Kühling, Jürgen***:** Wettbewerb und Regulierung jetzt auch in der Wasserwirtschaft?, Deutsches Verwaltungsblatt (DVBl.) 2010, S. 205.

*Künzel, Gerd***:** Brauchen wir eine kommunale Pflegepolitik neben der Pflegeversicherung? – Ein Plädoyer für menschenfreundliche Pflegelandschaften und kommunale Gestaltung, Gesundheits- und Sozialpolitik (G+S) 5-6/2011, S. 18.

*Lambrecht, Bernhard/Vollmöller, Thomas***:** Rechtsfragen der Krankenhausprivatisierung, in: Huster, Stefan/Kaltenborn, Markus (Hrsg.), Krankenhausrecht, München 2010, § 14.

Landkreis Reutlingen (Hrsg.)**:** Bericht der Arbeitsgruppe „Hausärzteversorgung im Landkreis Reutlingen", Reutlingen 2010, abrufbar im Internet: <http://www.kreise.de/__cms1/images/stories/themen/MedVersorgung/LK_Reutlingen.pdf> (Stand: 16.1.2013).

von Mangoldt, Hermann/Klein, Friedrich/Starck, Christian (Hrsg.)**:** Kommentar zum Grundgesetz, Band II (Art. 20-82) sowie Band III (Art. 83-146), jeweils 6. Aufl., München 2010.

Marckmann, Georg/Firnkorn, Hans-Jürgen: Einführung, in: Renz, Günter (Hrsg.), Privatisierung in der stationären Versorgung, Bad Boll 2011, S. 4.

Baron von Maydell, Bernd/Ruland, Franz/Becker, Ulrich (Hrsg.): Sozialrechtshandbuch (SRH), 5. Aufl., Baden-Baden 2012.

Mehde, Veith/Ramsauer, Ulrich/Seckelmann, Margrit (Hrsg.): Staat, Verwaltung, Information – Festschrift für Hans Peter Bull zum 75. Geburtstag, Berlin 2011.

Ministerium für Arbeit, Gesundheit und Soziales des Landes Nordrhein-Westfalen (Hrsg.): Krankenhausrecht – Herausforderungen und Chancen, Stuttgart 2006.

Möller, Ralf: Die Weiterentwicklung der Bedarfsplanung nach dem Versorgungsgesetz, insbesondere neue Beteiligungsrechte der Länder, Die Sozialgerichtsbarkeit (SGb) 2011, S. 557.

Mühlbacher, Axel C./Wessels, Michael: Neue Wege in der Bedarfsplanung in Deutschland: Haben wir ein Mengen- oder ein Verteilungs- bzw. Allokationsproblem?, Gesundheits- und Sozialpolitik (G+S) 1/2011, S. 53.

Mühlenbruch, Sonja: Betriebliche Gesundheitsförderung und Prävention als Gemeinschaftsaufgabe der betrieblichen Akteure und Sozialleistungsträger, Zeitschrift für Sozialreform (ZSR) 2005, S. 87.

Müller, Carl-Heinz: Auswirkungen des GKV-Finanzierungsgesetzes auf die Sicherstellung der ärztlichen Versorgung – Die Position der Vertragsärzte, in: Pitschas, Rainer (Hrsg.), Versorgungsstrukturen im Umbruch, Frankfurt a.M. 2012, S. 27.

am Orde, Bettina/Reiners, Hartmut: Das Versorgungsgesetz und die Erwartungen der Länder, Gesundheits- und Sozialpolitik (G+S) 1/2011, S. 43

Penner, Andreas: Der neue § 116 b SGB V – Fortsetzung des Kampfes an den Sektorengrenzen?, Zeitschrift für das gesamte Medizin- und Gesundheitsrecht (ZMGR) 2012, S. 16.

Pitschas, Rainer: Die Gesundheitsreform 2011 – Ein komplexes Programm für die Re-Regulierung des Gesundheitsrechts, Vierteljahresschrift für Sozialrecht (VSSR) 2012, S. 157.

Pitschas, Rainer (Hrsg.): Versorgungsstrukturen im Umbruch – Die Gesundheitsversorgung zwischen Länderinteressen und finanziellen Zwängen, Frankfurt a.M. 2012.

Prütting, Dorothea: Neue Herausforderungen der Krankenhäuser in der gesundheitlichen Versorgung, GesundheitsRecht (GesR) 2012, S. 332.

Quaas, Michael: Zur Zukunft kommunaler Krankenhäuser – Rechtliche Risiken und Verfahrensschritte einer Privatisierung, Das Krankenhaus (KH) 2001, S. 40.

Quaas, Michael/Zuck, Rüdiger: Medizinrecht, 2. Aufl., München 2008.

Ratzel, Rudolf/Szabados, Tibor: Schnittmengen zwischen niedergelassenen Leistungserbringern (Vertragsärzten) und Krankenhäusern nach dem GKV-VStG, GesundheitsRecht (GesR) 2012, S. 210.

Renz, Günter (Hrsg.): Privatisierung in der stationären Versorgung – Tagung des Gesundheitsrates Südwest und der Evangelischen Akademie Bad Boll, Bad Boll 2011.

Reumann, Thomas: Das GKV-Versorgungsstrukturgesetz – Sicherstellung der medizinischen Versorgung in strukturschwachen Gebieten, Der Landkreis 2012, S. 232.

Rixen, Stephan: Taking Governance Seriously, Die Verwaltung (DV) 42 (2009), S. 309.

Robert Bosch Stiftung (Hrsg.): Symposium: Die Gesundheitsversorgung von morgen – Zusammenstellung von Dokumenten und Materialien, Stuttgart 2010.

Robert Bosch Stiftung (Hrsg.): Ausbildung für die Gesundheitsversorgung von morgen, Stuttgart 2011.

Robert Bosch Stiftung (Hrsg.): Memorandum: Kooperation der Gesundheitsberufe – Qualität und Sicherstellung der zukünftigen Gesundheitsversorgung, Stuttgart 2011.

Rolfs, Christian/Giesen, Richard/Kreikebohm, Ralf/Udsching, Peter (Hrsg.): Beck'scher Online-Kommentar Sozialrecht, Stand: 1/2012, München 2006 ff.

Rosenbrock, Rolf: Prävention und Gesundheitsförderung als Komponenten der Gesundheitssicherung, Zeitschrift für Sozialreform (ZSR) 2003, S. 342.

Rothgang, Heinz/Dräther, Hendrik: Ökonomische Aspekte gesundheitlicher Prävention, Zeitschrift für Sozialreform (ZSR) 2003, S. 531.

Rübsamen, Katrin: Verfassungsrechtliche Aspekte des Fallpauschalensystems im Krankenhauswesen (DRG-Vergütungssystem), Baden-Baden 2008.

Ruffert, Matthias: Begriff, in: Fehling, Michael/Ruffert, Matthias (Hrsg.), Regulierungsrecht, Tübingen 2010, § 7.

Sachs, Michael (Hrsg.): Grundgesetz – Kommentar, 6. Aufl., München 2011.

Sachße, Christoph/Tennstedt, Florian: Geschichte der Armenfürsorge in Deutschland, Band 1 – Vom Spätmittelalter bis zum 1. Weltkrieg, 2. Aufl., Stuttgart 1998.

Sachverständigenrat zur Begutachtung der Entwicklung im Gesundheitswesen (Hrsg.): Koordination und Integration – Gesundheitsversorgung in einer Gesellschaft des längeren Lebens, Sondergutachten 2009, Baden-Baden 2010 sowie BT-Drs. 16/13770, zitierte Kurzfassung abrufbar im Internet: <http://www.svr-gesundheit.de/fileadmin/user_upload/Gutachten/2009/Kurzfassung-2009.pdf> (Stand: 16.1.2013).

Schillhorn, Kerrin: Regionale Planungskonzepte nach § 16 KHG NRW – Rechtliche Problemstellungen, in: Ministerium für Arbeit, Gesundheit und Soziales des Landes Nordrhein-Westfalen (Hrsg.), Krankenhausrecht – Herausforderungen und Chancen, Stuttgart 2006.

Schliehe, Ferdinand: Aktuelle organisationsrechtliche und organisatorische Probleme der Rehabilitation in der Sozialversicherung, Zeitschrift für Sozialreform (ZSR) 1997, S. 439.

Schliwen, Anke: Methodenansätze und Konzepte zur Reform der ärztlichen Bedarfsplanung, Infrastrukturrecht (IR) 2012, S. 328.

Schmehl, Arndt/Wallrabenstein, Astrid (Hrsg.): Steuerungsinstrumente im Recht des Gesundheitswesens, Band 3 – Kontrolle, Tübingen 2007.

Schmidt am Busch, Birgit: Die Gesundheitssicherung im Mehrebenensystem, Tübingen 2007.

Schmidt-Aßmann, Eberhard: Grundrechtspositionen und Legitimationsfragen im öffentlichen Gesundheitswesen, Berlin 2001.

Schnapp, Friedrich E.: Soziale Selbstverwaltung vor der Agonie?, Staatswissenschaften und Staatspraxis (StWiss) 1998, S. 149.

Schneider, Nils: Szenarien einer zukünftigen Gesundheitsversorgung – Sicht der Versorgungsforschung, in: Robert Bosch-Stiftung (Hrsg.), Ausbildung für die Gesundheitsversorgung von morgen, Stuttgart 2011, S. 23.

Schönbach, Karl-Heinz: So bleibt Medizin nahe dran, Gesundheit und Gesellschaft (G+G), 1/2011, S. 29.

Schönbach, Karl-Heinz/Schliemann, Birgit/Malzahn, Jürgen/Klauber, Jürgen/Peters, Christian: Zukunft der Bedarfsplanung und Gestaltung der Versorgung, Gesundheits- und Sozialpolitik (G+S) 1/2011, S. 11.

Schönenbroicher, Klaus: Landeshoheit und Bundesverwaltung, DVBl. 1990, S. 811.

Schuler-Harms, Margarete: Soziale Infrastruktur im Gesundheitswesen – der ambulante Sektor, in: Fehling, Michael/Ruffert, Matthias (Hrsg.), Regulierungsrecht, Tübingen 2010, § 15.

Schütte, Wolfgang: Der Vorrang von Rehabilitation vor Rente – Rechtlicher Rahmen, Zeitschrift für Sozialreform (ZSR) 2004, S. 473.

Schütz, Joachim/Knieps, Franz: Wettbewerb in der ambulanten vertragsärztlichen Versorgung, Zeitschrift für Rechtspolitik (ZRP) 2012, S. 164.

Seewald, Otfried: Föderalismus und Sozialrecht in der Bundesrepublik Deutschland, in: Härtel, Ines (Hrsg.), Handbuch Föderalismus, Band III, Heidelberg 2012, § 73.

Simon, Jan-Hendrik: Das Krankenhaus im System der ambulanten Versorgung gesetzlich Krankenversicherter, Berlin 2012.

Sodan, Helge (Hrsg.): Handbuch des Krankenversicherungsrechts, München 2010.

Sodan, Helge: Verfassungsrechtliche Grundlagen der Krankenversicherung, in: ders. (Hrsg.), Handbuch des Krankenversicherungsrechts, München 2010, § 2.

Spitzentränker, Erwin: Landkreis München – Seniorenpolitisches Gesamtkonzept, Der Landkreis 2012, S. 108.

von Stackelberg, Johann-Magnus: Sicherstellung der ambulanten und stationären Versorgung nach dem Versorgungsstrukturgesetz (GKV-VStG), GesundheitsRecht (GesR) 2012, S. 321.

von Stackelberg, Johann-Magnus/Uhlemann, Thomas: Neue Wege der ambulanten ärztlichen Versorgung – von der Bedarfsplanung zur Versorgungssteuerung, Zeitschrift für das gesamte Medizin- und Gesundheitsrecht (ZMGR) 2011, S. 214.

Statistische Ämter des Bundes und der Länder (Hrsg.): Demographischer Wandel in Deutschland – Auswirkungen auf Krankenhausbehandlungen und Pflegebedürftige im Bund und in den Ländern, Heft 2, Wiesbaden 2010.

Steinhilper, Gernot: Bedarfsplanung nach dem GKV-VStG, Medizinrecht (MedR) 2012, S. 441.

Stollmann, Frank: Krankenhausplanung, in: Huster, Stefan/Kaltenborn, Markus (Hrsg.), Krankenhausrecht, München 2010, § 4.

ders.: Flexibilisierung der Bedarfsplanung und die Konsequenzen für die integrative Versorgung, in: Pitschas, Rainer (Hrsg.), Versorgungsstrukturen im Umbruch, Frankfurt a.M. 2012, S. 67.

ders.: § 116b SGB V nach In-Kraft-Treten des GKV-VStG, Neue Zeitschrift für Sozialrecht (NZS) 2012, S. 485.

ders.: Mindestmengen – Wildern in fremden (Länder-)Kompetenzen?, GesundheitsRecht (GesR) 2012, S. 279.

Theuerkauf, Klaus: Direktverträge und Wettbewerb in der Gesetzlichen Krankenversicherung – Status und Ausblick, Neue Zeitschrift für Sozialrecht (NZS) 2011, S. 921.

Udsching, Peter (Hrsg.): SGB XI – Soziale Pflegeversicherung – Kommentar, 3. Aufl., München 2010.

ders.: Kommunale Aufgabenwahrnehmung in den Bereichen Gesundheit und Pflege – aus sozialrechtlicher Sicht, in: Henneke, Hans-Günter (Hrsg.), Kommunale Verantwortung für Gesundheit und Pflege, Stuttgart 2012, S. 48.

Uhlemann, Thomas/Lehmann, Kathleen: Reformkonzept des GKV-Spitzenverbandes zur Weiterentwicklung der Bedarfsplanung, Gesundheits- und Sozialpolitik (G+S) 1/2011, S. 26.

Vorholz, Irene: Spezifische Probleme kommunaler Trägerstrukturen in Pflege, Rehabilitation, und Prävention, in: Henneke, Hans-Günter (Hrsg.), Kommunale Verantwortung für Gesundheit und Pflege, Stuttgart 2012, S. 86.

Wagener, Andreas: Bedarfsplanung oder Versorgungsplanung aus Sicht der Krankenhäuser, Zeitschrift für das gesamte Medizin- und Gesundheitsrecht (ZMGR) 2011, S. 220.

Waldhoff, Christian: Kompetenzverteilung und Finanzierungsverantwortung zwischen Bund, Ländern, Kommunen und Sozialverwaltungsträgern im Bereich der Pflege, in: Henneke, Hans-Günter (Hrsg.), Kommunale Verantwortung für Gesundheit und Pflege, Stuttgart 2012, S. 69.

Wallrabenstein, Astrid: Staatliche Gewährleistung einer angemessenen gesundheitlichen Versorgung im Bundesgebiet, Zeitschrift für das gesamte Medizin- und Gesundheitsrecht (ZMGR) 2011, S. 197.

Waltermann, Raimund: Sozialrecht, 10. Aufl., Heidelberg 2012.

Weisweiler, Georg: Stärkung der Länderkompetenzen im Gesundheitswesen – Forderungen der GMK zur Gestaltung der medizinischen Versorgung, in: Pitschas, Rainer (Hrsg.), Versorgungsstrukturen im Umbruch, Frankfurt a.M. 2012, S. 13.

Welti, Felix: Rechtliche Grundlagen einer örtlichen Teilhabeplanung, Zeitschrift für die sozialrechtliche Praxis (ZFSH/SGB) 2011, S. 401.

Welti, Felix: Soziale Selbstverwaltung und Bürgerbeteiligung im sozialen Gesundheitswesen, in: Mehde, Veith u.a. (Hrsg.), Festschrift für Hans Peter Bull, Berlin 2011, S. 903.

Welti, Felix: Felder kommunaler Sozial- und Beschäftigungspolitik, Kommunaljurist (Komm Jur) 2006, S. 241.

Widmann-Mauz, Annette: Mehr Flexibilität vor Ort in der Gesundheitspolitik, Der Landkreis 2012, S. 231.

Wimmer, Raimund: Kommunale Gesundheitskonferenzen in Nordrhein-Westfalen – Kein Modell für Deutschland, Deutsches Verwaltungsblatt (DVBl.) 2000, S. 27.

Wrase, Michael: Das GKV-Versorgungsstrukturgesetz, Gesundheit und Pflege (GuP) 2012, S. 1.